"乡村振兴战略人才培育系列教材"

丛书编委会:

主　任: 王显伟　李汝刚

副主任: 罗红伟　郭向周　李运昌　熊春明

主　编: 郭向周　韩志茶

编　委: 顾培铵　字利鹏　范曙宇　韩志茶

　　　　李若良　杨锐铣　李正祥　高新华

　　　　刘喜雨　张小明　覃　磊　赵兴文

　　　　董汉中　陈　华　李虹贤　李月琴

《乡村实用法律导读》

本书编委会:

本书主编: 郭向周　字　鸿

本书副主编: 李月琴

本书参编: 陈彦保　聂熊堃　字利鹏

乡村振兴战略人才培育系列教材

丛书主编　郭向周　韩志茶

乡村实用
法律导读

XIANGCUN SHIYONG FALÜ DAODU

主编　郭向周　宇　鸿

云南大学出版社
YUNNAN UNIVERSITY PRESS

图书在版编目（CIP）数据

乡村实用法律导读 / 郭向周，字鸿主编. -- 昆明：
云南大学出版社，2021
乡村振兴战略人才培育系列教材 / 郭向周，韩志茶
主编
ISBN 978-7-5482-4120-1

Ⅰ. ①乡… Ⅱ. ①郭… ②字… Ⅲ. ①法律－中国－
教材 Ⅳ. ①D920.4

中国版本图书馆CIP数据核字(2020)第159902号

策划编辑：朱　军
责任编辑：蔡小旭
封面设计：刘　雨

乡村振兴战略人才培育系列教材

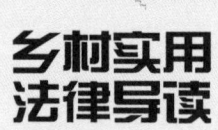

主编　郭向周　字　鸿

出版发行：云南大学出版社
印　　装：昆明瑆煋印务有限公司
开　　本：787mm×1092mm　1/16
印　　张：11.75
字　　数：230千
版　　次：2021年8月第1版
印　　次：2021年8月第1次印刷
书　　号：ISBN 978-7-5482-4120-1
定　　价：39.00元

社　　址：云南省昆明市一二一大街182号（云南大学东陆校区英华园内）
邮　　编：650091
电　　话：（0871）65033244　65031071
网　　址：http://www.ynup.com
E-mail：market@ynup.com

若发现本书有印装质量问题，请与印厂联系调换，联系电话：0871-64167045。

前　　言

党的十九大提出实施乡村振兴战略，要按照产业兴旺、生态宜居、乡风文明、治理有效、生活富裕的总要求，加快推进农业农村现代化。

法律保护是实现乡村振兴的重要方式之一，能为乡村振兴提供重要保障。当前，我国农村居民对法律的认识不足，法律意识不强，维权意识薄弱，在遇到纠纷时往往束手无策，求助无门。因此，需要继续深入推进针对广大农村地区居民进行的普法教育，深入推进农村地区法制建设。

本书的目标是对普通农村居民和在校大学生进行普法教育，以实用和够用为原则，针对农村普遍存在的、难以解决的法律问题进行研究，将适合的法律基础知识和解决对策向广大农村居民和在校学生进行阐述。书中阐述力求做到深入浅出，将表述复杂、逻辑严谨的法律语言转变成通俗易懂的语言，使阅读本书的受众能轻易地理解相应的法律概念。本书中涉及案例多取材于大理白族自治州内的案例，部分案例为周边州市的案例。

本书主要包括"三农"的法律保障、农村婚姻家庭的法律保障、农村常见经济纠纷、农村侵权纠纷、农民土地权益的法律保障、农民劳动权益的法律保障、农村环境与资源保护的法律保障以及法律程序8个方面，针对在生产、生活中出现的上述情况，从理论角度首先进行阐述，再根据案例来具体剖析，通过案例来讲授解决对策。本书内容不仅涵盖基础法律知识，还通过有代表性的案例来举证和加以说明，力求让读者用更方便、更简洁的方式理解法律、法规，较为轻松地掌握基础法律知识，进一步提升自身的法律意识。

本书由字鸿根据教学大纲拟定、编写提纲，明确编写任务分工。全体编写人员按分工完成编写任务。字鸿统稿并初步定稿，字利鹏校对，最后由郭向周、韩志茶审核定稿。全体编写分工如下：

第一章、第三章：陈彦保；第二章、第五章：李月琴；第四章、第六章：聂雄堃；第七章：字鸿；第八章：郭向周。

在编写过程中，编者参阅和借鉴了相关部门的文献资料与有关学者的研究成果，参考了大理州司法系统、司法行政系统及部分律师事务所向编写组提供

的典型案例。在此谨向有关部门、单位及学者表示诚挚的谢意。

因编者水平有限，书稿中仍存在遗漏和缺陷，恳请各位读者和专家批评指正。

字　鸿
2020 年 8 月

目　　录

第一章　"三农"的法律保障

第一节　农民的基本权利和义务

【案例导入】

2017 年 10 月 23 日，A 县 B 镇某村部分村民因不满该镇农贸市场升级改造占用集体土地等问题，故意封堵农贸市场的主要出入口。B 镇政府的工作人员张某在处理纠纷过程中，被村民李某推搡倒地。经医院诊断，张某胸部软组织挫伤。B 镇派出所于 2017 年 11 月 15 日 15 时 14 分向李某进行行政处罚告知，同时向李某送达行政处罚决定书，给予李某警告处罚。李某不服，于 2017 年 12 月 18 日向 A 县公安局申请行政复议。A 县公安局受理，依法维持原行政处罚。李某不服，向 A 县人民法院提起行政诉讼，要求撤销 A 县公安局行政处罚决定书。

我国宪法赋予农民平等的基本权利和义务。政府部门在处理与农民之间的行政管理关系时，往往会涉及农民的经济利益和法定权利，处理不好就会引发各类纠纷。作为新时代的农民，有必要了解我国宪法规定的公民的基本权利和义务等法律知识。

【知识学习】

一、农民的法律地位

我国宪法规定，中华人民共和国是工人阶级领导的、以工农联盟为基础的人民民主专政的社会主义国家；中华人民共和国的一切权力属于人民；社会主义的建设事业必须依靠工人、农民和知识分子，团结一切可以团结的力量。在长期的革命、建设、改革过程中，已经结成由中国共产党领导的，有各民主党派和各人民团体参加的，包括全体社会主义劳动者、社会主义事业的建设者、

拥护社会主义的爱国者、拥护祖国统一和致力于中华民族伟大复兴的爱国者的广泛的爱国统一战线，这个统一战线将继续巩固和发展。

二、公民的基本权利和义务

中华人民共和国公民在法律面前一律平等。国家尊重和保障人权。任何公民都享有宪法和法律规定的权利，同时必须履行宪法和法律规定的义务。

（一）公民的基本权利

1. 政治权利和自由：中华人民共和国年满十八周岁的公民，不分民族、种族、性别、职业、家庭出身、宗教信仰、教育程度、财产状况、居住期限，都有选举权和被选举权；但是依照法律被剥夺政治权利的人除外；公民有言论、出版、集会、结社、游行、示威的自由。

2. 宗教信仰自由：中华人民共和国公民有宗教信仰自由。任何国家机关、社会团体和个人不得强制公民信仰宗教或者不信仰宗教，不得歧视信仰宗教的公民和不信仰宗教的公民。国家保护正常的宗教活动。任何人不得利用宗教进行破坏社会秩序、损害公民身体健康、妨碍国家教育制度的活动。宗教团体和宗教事务不受外国势力的支配。

3. 人身自由：中华人民共和国公民的人身自由不受侵犯。任何公民，非经人民检察院批准或者决定或者人民法院决定，并由公安机关执行，不受逮捕。禁止非法拘禁和以其他方法非法剥夺或者限制公民的人身自由，禁止非法搜查公民的身体。

4. 人格权：中华人民共和国公民的人格尊严不受侵犯。禁止用任何方法对公民进行侮辱、诽谤和诬告陷害。

5. 住宅权：中华人民共和国公民的住宅不受侵犯。禁止非法搜查或者非法侵入公民的住宅。

6. 通信自由：中华人民共和国公民的通信自由和通信秘密受法律的保护。除因国家安全或者追查刑事犯罪的需要，由公安机关或者检察机关依照法律规定的程序对通信进行检查外，任何组织或者个人不得以任何理由侵犯公民的通信自由和通信秘密。

7. 批评建议权、申诉控告权：中华人民共和国公民对于任何国家机关和国家工作人员，有提出批评和建议的权利；对于任何国家机关和国家工作人员的违法失职行为，有向有关国家机关提出申诉、控告或者检举的权利，但是不得捏造或者歪曲事实进行诬告陷害。对于公民的申诉、控告或者检举，有关国家机关必须查清事实，负责处理。任何人不得压制和打击报复。

8. 获得国家赔偿权：由于国家机关和国家工作人员侵犯公民权利而受到损

失的人，有依照法律规定取得赔偿的权利。

9. 劳动权利和义务：中华人民共和国公民有劳动的权利和义务。国家通过各种途径，创造劳动就业条件，加强劳动保护，改善劳动条件，并在发展生产的基础上，提高劳动报酬和福利待遇。劳动是一切有劳动能力的公民的光荣职责。国有企业和城乡集体经济组织的劳动者都应当以国家主人翁的态度对待自己的劳动。国家提倡社会主义劳动竞赛，奖励劳动模范和先进工作者。国家提倡公民从事义务劳动。国家对就业前的公民进行必要的劳动就业训练。

10. 休息权：中华人民共和国劳动者有休息的权利。国家发展劳动者休息和休养的设施，规定职工的工作时间和休假制度。

11. 获得物质帮助的权利：中华人民共和国公民在年老、疾病或者丧失劳动能力的情况下，有从国家和社会获得物质帮助的权利。国家发展为公民享受这些权利所需要的社会保险、社会救济和医疗卫生事业。

12. 受教育的权利和义务：中华人民共和国公民有受教育的权利和义务。国家培养青年、少年、儿童在品德、智力、体质等方面全面发展。

13. 文化活动自由：中华人民共和国公民有进行科学研究、文学艺术创作和其他文化活动的自由。国家对于从事教育、科学、技术、文学、艺术和其他文化事业的公民的有益于人民的创造性工作，给以鼓励和帮助。

14. 归侨和侨眷的权利：中华人民共和国保护华侨的正当的权利和利益，保护归侨和侨眷的合法的权利和利益。

（二）公民的基本义务

1. 家庭中的义务：夫妻双方有实行计划生育的义务。父母有抚养教育未成年子女的义务，成年子女有赡养扶助父母的义务。禁止破坏婚姻自由，禁止虐待老人、妇女和儿童。

2. 维护他人合法权益的义务：中华人民共和国公民在行使自由和权利的时候，不得损害国家的、社会的、集体的利益和其他公民的合法的自由和权利。

3. 维护国家统一和民族团结的义务：中华人民共和国公民有维护国家统一和全国各民族团结的义务。

4. 守法尊德的义务：中华人民共和国公民必须遵守宪法和法律，保守国家秘密，爱护公共财产，遵守劳动纪律，遵守公共秩序，尊重社会公德。

5. 维护祖国的安全、荣誉和利益的义务：中华人民共和国公民有维护祖国的安全、荣誉和利益的义务，不得有危害祖国的安全、荣誉和利益的行为。保卫祖国、抵抗侵略是中华人民共和国每一个公民的神圣职责。

6. 服兵役的义务：依照法律服兵役和参加民兵组织是中华人民共和国公民的光荣义务。

7. 依法纳税的义务：中华人民共和国公民有依照法律纳税的义务。

【案例解析】

公民行使监督权等各项权利时应当遵守法定程序；公安机关对违反治安管理的行为作出处罚时，也应当依照法律规定的条件、程序作出。本案中，李某质问、纠缠执法人员，跟随执法人员拍摄执法活动，并与执法人员张某发生轻微肢体接触，其行为属阻碍执法活动的行为。李某应当依法受到相应的行政处罚。

B镇派出所在发现有人受伤后，履行了及时出警处置、受案、调查取证、作出处罚决定并送达被处罚人等职责。但B镇派出所适用一般程序：经过调查取证作出警告处罚，将行政处罚前告知笔录与行政处罚决定书同时送达原告。该处理过程形式上履行了告知义务，实质上未能保证让当事人充分行使申辩权，剥夺了当事人的程序性救济权利，依法应当确认违法。依照《中华人民共和国行政诉讼法》《中华人民共和国行政复议法》等规定，A县公安局具有行政复议的法定职责。A县公安局在B镇派出所作出的行政处罚决定可能违反法定程序的情况下，维持原行政处罚，该复议决定依法亦应当确认违法。所以，B镇派出所的行政处罚决定书依法应当被人民法院撤销，然后再严格依程序对李某做出新的行政处罚。

【法条链接】

《中华人民共和国宪法》节选

第三十三条 凡具有中华人民共和国国籍的人都是中华人民共和国公民。

中华人民共和国公民在法律面前一律平等。

国家尊重和保障人权。

任何公民享有宪法和法律规定的权利，同时必须履行宪法和法律规定的义务。

第四十一条 中华人民共和国公民对于任何国家机关和国家工作人员，有提出批评和建议的权利；对于任何国家机关和国家工作人员的违法失职行为，有向有关国家机关提出申诉、控告或者检举的权利，但是不得捏造或者歪曲事实进行诬告陷害。

对于公民的申诉、控告或者检举，有关国家机关必须查清事实，负责处理。任何人不得压制和打击报复。

由于国家机关和国家工作人员侵犯公民权利而受到损失的人，有依照法律规定取得赔偿的权利。

《中华人民共和国行政处罚法》节选

第三十一条 行政机关在作出行政处罚决定之前，应当告知当事人作出行政处罚决定的事实、理由及依据，并告知当事人依法享有的权利。

第三十二条 当事人有权进行陈述和申辩。行政机关必须充分听取当事人的意见，对当事人提出的事实、理由和证据，应当进行复核；当事人提出的事实、理由或者证据成立的，行政机关应当采纳。

行政机关不得因当事人申辩而加重处罚。

第四十一条 行政机关及其执法人员在作出行政处罚决定之前，不依照本法第三十一条、第三十二条的规定向当事人告知给予行政处罚的事实、理由和依据，或者拒绝听取当事人的陈述、申辩，行政处罚决定不能成立；当事人放弃陈述或者申辩权利的除外。

第五十条 有下列行为之一的，处警告或者二百元以下罚款；情节严重的，处五日以上十日以下拘留，可以并处五百元以下罚款：

（一）拒不执行人民政府在紧急状态情况下依法发布的决定、命令的；

（二）阻碍国家机关工作人员依法执行职务的；

（三）阻碍执行紧急任务的消防车、救护车、工程抢险车、警车等车辆通行的；

（四）强行冲闯公安机关设置的警戒带、警戒区的，阻碍人民警察依法执行职务的，从重处罚。

第二节 村民自治的法律依据

【案例导入】

2010年2月9日，王某（女）与苟某军（男）登记结婚，苟某军的户口随即迁入A村四组。婚后，王某、苟某军于2010年11月13日生育女儿冯某某，户口也落入A村四组。一家三口一直享有A村四组所属成员的各种权益。2015年1月20日和同年3月3日，A村四组在辖区内张贴了《A社区四组返还用地出租租金年底分配方案》和《A村四组两委会议决定》，该方案和决定直接将王某一家三口的户口性质区别对待，同时剥夺了三人作为集体经济组织成员在2014年及以后的各种分配福利和利益。三人多次找村组协商反映，问题均未得到解决。于是三人将A村四组诉至法院，请求判决A村四组发放王某、苟某军、冯某某2014年集体分红各2000元，合计6000元；确认A村四组调整王某一家户口性质并区别对待的行为违法。

每年都有很多农村的老百姓到法院打官司。有些人拿到了判决书，可是还有些人到了法院才发现，他们起诉的案件法院并没有受理，或者在受理后被裁定驳回起诉。要弄清楚这些问题，就得弄清楚村民自治与法院管辖之间的界限。

【知识学习】

一、村民自治的概念

村民自治，简而言之就是广大农民群众直接行使民主权利，依法管理自己的事务，创造自己的幸福生活，实行自我管理、自我教育、自我服务的一项基本社会政治制度。村民自治的核心内容是"四个民主"，即民主选举、民主决策、民主管理、民主监督。因此，全面推进村民自治，也就是全面推进村级民主选举、村级民主决策、村级民主管理和村级民主监督。

二、民主决策的范畴

民主决策，就是凡涉及村民利益的重要事项，如乡统筹的收缴方法，村提留的收缴和使用，享受误工补贴的人数及补贴标准，从村集体经济所得收入的使用，村办学校、村建道路等公益事业的经费筹集方案，村集体经济项目的立项、承包方案及村公益事业的建设承包方案，村民的承包方案，宅基地的使用方案等，都应提请村民会议或村民代表会议讨论，按多数人的意见作出决定。

【案例解析】

根据《中华人民共和国村民委员会组织法》第二十四条第一款第二项"涉及村民利益的下列事项，经村民会议讨论决定方可办理：（二）从村集体经济所得收益的使用"的规定，本案系农村集体经济组织成员起诉其集体组织即A村四组，要求其分配集体所得收益，三原告的该要求事项属于村民自治范畴，而不属于人民法院受理的民事诉讼范围。原告如认为集体经济组织应当给予分配集体所得收益，可依据《中华人民共和国村民委员会组织法》的相关规定，向政府部门反映情况。据此，法院裁定驳回王某、苟某军、冯某某的起诉。

【法条链接】

《中华人民共和国宪法》节选

第一百一十一条 城市和农村按居民居住地区设立的居民委员会或者村民委员会是基层群众性自治组织。居民委员会、村民委员会的主任、副主任和委员由居民选举。居民委员会、村民委员会同基层政权的相互关系由法律规定。

居民委员会、村民委员会设人民调解、治安保卫、公共卫生等委员会，办理本居住地区的公共事务和公益事业，调解民间纠纷，协助维护社会治安，并且向人民政府反映群众的意见、要求和提出建议。

《中华人民共和国村民委员会组织法》节选

第一条 为了保障农村村民实行自治，由村民依法办理自己的事情，发展农村基层民主，维护村民的合法权益，促进社会主义新农村建设，根据宪法，制定本法。

第二十四条 涉及村民利益的下列事项，经村民会议讨论决定方可办理：（一）本村享受误工补贴的人员及补贴标准；（二）从村集体经济所得收益的使用；（三）本村公益事业的兴办和筹资筹劳方案及建设承包方案；（四）土地承包经营方案；（五）村集体经济项目的立项、承包方案；（六）宅基地的使用方案；（七）征地补偿费的使用、分配方案；（八）以借贷、租赁或者其他方式处分村集体财产；（九）村民会议认为应当由村民会议讨论决定的涉及村民利益的其他事项。

第三节 农村教育的法律保障

【案例导入】

甲原系 A 中学初二学生，在校期间，频繁违纪。2016 年 3 月 25 日，由甲以其母亲王某芳的名义写了一份保证书，并签了王某芳、甲

的名字,内容为:"我的孩子甲在这个学期开始,就不安心读书,现由我到校将孩子领回家教育,从离校开始,我的孩子在校外的一切行为由我本人及孩子负责,与学校和班主任无任何关系。"王某芳在保证书的名字上按了手印后,遂将儿子甲领回家中。2016 年 5 月 19 日中午,甲与田某、刘某相邀到 B 水库游泳,甲不幸溺水身亡。甲的父母认为 A 中学违反《中华人民共和国义务教育法》(以下简称"义务教育法"),剥夺了甲接受义务教育的权利,与甲脱离学校后溺水身亡有密切关系。于是起诉 A 中学、田某和刘某,要求他们共同承担赔偿责任。

公民受教育的权利和义务受宪法保护,在校学生受教育权被侵犯之后,监护人、学校等责任人应依法承担相应法律责任。在校学生受到人身伤害,也应依法由相关责任人和责任单位承担一定的法律责任。农民应了解这些法律规定,依法行使法律权利、履行法定义务、承担法律责任。

【知识学习】

一、义务教育

我国宪法规定,中华人民共和国公民有受教育的权利和义务。义务教育法规定,凡具有中华人民共和国国籍的适龄儿童、少年,不分性别、民族、种族、家庭财产状况、宗教信仰等,依法享有平等接受义务教育的权利,并履行接受义务教育的义务。适龄儿童、少年的父母或者其他法定监护人应当依法保证其按时入学接受并完成义务教育。依法实施义务教育的学校应当按照规定标准完成教育教学任务,保证教育教学质量。对违反学校管理制度的学生,学校应当予以批评教育,不得开除。

学校、适龄儿童的父母或者其他法定监护人都有义务保证适龄儿童、少年入学接受义务教育,否则就会受到批评教育、行政处罚甚至刑事处罚。

二、中高等职业教育

2019 年 3 月,国务院印发的《国家职业教育改革实施方案》强调,要提高中等职业教育发展水平。优化教育结构,把发展中等职业教育作为普及高中阶段教育和建设中国特色职业教育体系的重要基础,保持高中阶段教育职普比大体相当,使绝大多数城乡新增劳动力接受高中阶段教育。改善中等职业学校基本办学条件。加强省级统筹,建好办好一批县域职教中心,重点支持集中连片特困地区每个地(市、州、盟)原则上至少建设一所符合当地经济社会发展和技术技能人才培养需要的中等职业学校。指导各地优化中等职业学校布局结构,科学配置并做大做强职业教育资源。加大对民族地区、贫困地区和残疾人职业教育的政策、金融支持力度，落实职业教育东西协作行动计划，办好内地少数民族中职班。完善招生机制，建立中等职业学校和普通高中统一招生平台，精准服务区域发展需求。积极招收初高中毕业未升学学生、退役军人、退役运动员、下岗职工、返乡农民工等接受中等职业教育；服务乡村振兴战略，为广大农村培养以新型职业农民为主体的农村实用人才。发挥中等职业学校作用，帮助部分学业困难学生按规定在职业学校完成义务教育，并接受部分职业技能学习。

推进高等职业教育高质量发展。把发展高等职业教育作为优化高等教育结构和培养大国工匠、能工巧匠的重要方式，使城乡新增劳动力更多接受高等教育。高等职业学校要培养服务区域发展的高素质技术技能人才，重点服务企业特别是中小微企业的技术研发和产品升级，加强社区教育和终身学习服务。建立"职教高考"制度，完善"文化素质＋职业技能"的考试招生办法，提高生源质量，为学生接受高等职业教育提供多种入学方式和学习方式。在学前教育、护理、养老服务、健康服务、现代服务业等领域，扩大对初中毕业生实行中高职贯通培养的招生规模。启动实施中国特色高水平高等职业学校和专业建设计划，建设一批引领改革、支撑发展、中国特色、世界水平的高等职业学校和骨干专业（群）。根据高等学校设置制度规定，将符合条件的技师学院纳入高等学校序列。

三、新型职业农民教育

农民教育培训，特别是新型职业农民和农村实用人才培养的任务紧迫而繁重。农业广播电视学校（以下简称"农广校"）是公益性农民教育培训专门机构，经过30多年的改革和发展，基本形成了中央、省、市、县四级建制农广校和乡村教学点五级办学体系，在我国农民教育培训和农村实用人才培养中发挥着主渠道作用。

加快构建以农广校为基础和依托的新型职业农民教育培训体系。

（一）加强农民教育培训主体建设

各级农广校是我国农民教育培训公共服务机构，是公益性农业社会化服务体系的有机组成部分，是农业部门开展新型职业农民教育培训和农村实用人才培养的主力军。各级农业部门要积极争取当地党委、政府和有关部门支持，把加强农广校建设纳入农业社会化服务体系统筹推进，进一步巩固农广校农民教育培训主体地位，改善公益基础设施，完善公共服务条件，使其更好地履行农民教育培训、农村实用人才培养、农业技术传播和科学普及等公共服务职能，

为构建新型职业农民教育培训体系提供基础和依托。

（二）保持和强化系统办学特色

各级农广校是以资源共享为纽带的不可分割的有机整体，具有系统办学的鲜明特色和独特优势。在教育体制改革和事业单位分类改革中，要加强对农广校的组织领导和业务指导，加强与相关部门沟通协调，强化公益性事业单位性质，保持农广校由农业部门主管的体制不变、公益性事业单位的性质不变、独立设置的办学格局不变，稳定办学队伍，强化办学特色，发挥办学优势。

（三）构建"一主多元"体系

坚持"政府主导、行业管理、产业导向、需求牵引"原则，聚合优势资源，形成以农业广播电视学校、农民科技教育培训中心等农民教育培训专门机构为主体，以农业科研院所、农业院校和农技推广服务机构及其他社会力量为补充，以农业园区、农业企业和农民专业合作社为基地，满足新型职业农民多层次、多形式、广覆盖、经常性、制度化教育培训需求的新型职业农民教育培训体系。

（四）建立完善多元参与协作机制

充分发挥各种农民教育培训资源作用，鼓励和支持相关机构积极参与农民教育培训，形成大联合、大协作、大教育、大培训格局。进一步强化农业科研院所、农业院校社会服务功能，鼓励结合科研、教学和推广服务开展农民教育培训。创新农业推广服务方式，支持农技推广服务机构把农民教育培训融入试验示范、成果转化和技术推广中，提高广大农民的技术承接和应用能力。促进农业园区和农业企业发挥产业化经营优势，完善农民教育培训设施条件，建立农民教育培训现场教学和实训基地。农民专业合作社集农民教育培训对象、内容和需求于一体，是农民教育培训服务农业产业发展的有效结合点，要加大对专业合作社参与农民教育培训的扶持力度，组织农民参加教育培训。

【案例解析】

针对本案争议的焦点一：《中华人民共和国义务教育法》第二十七条规定，对违反学校管理制度的学生，学校应予以批评教育，不得开除。本案中，因甲在校期间频繁违纪，班主任多次要求家长到校进行帮助教育，后家长将其领回家中教育。学校并未开除甲，不存在剥夺甲接受义务教育的权利的情况。

针对本案争议的焦点二：①公民的生命权受法律保护。本案中，受害人甲属限制民事行为能力人，甲的父母作为受害人甲的法定监护人应当履行监护职责，保护甲的人身、财产及其他合法权益。受害人甲在校及放假期间，学校都告知学生及家长严禁孩子到江河、水库等地玩耍。甲的父母应根据自己儿子的年龄、智力状况，告知其子未成年人私自到河流、水库等处游泳存在的危险性，并教育和管理自己儿子不得在无完全民事行为能力人的陪护下到河流、水库等处游泳。由于甲的父母没有尽到法定监护人的监护责任，致使受害人甲与田某、刘某私自到水库游泳，发生事故。甲的父母作为甲的法定监护人监护不力，对甲溺水死亡存在明显过错，应承担主要民事责任。②田某、刘某作为限制民事行为能力人，对甲的溺水身亡他们二人也无法预见，因此不应承担过错赔偿责任。但是考虑到田某、刘某与甲共同游泳，存在事实上的牵连，从公平的归责原则及互助出发，田某、刘某应对甲的父母的损失予以适当分担；由于田某、刘某属未成年人，其应承担的民事责任由其监护人承担。③学校对在校学生有教育、管理和保护的职责，应以属学校管理的时间及管理的场所为限。学生一旦离开校门，就不再属于学校管理的范围内。本案中，受害人甲于2016年3月25日就已被母亲领回家中居住生活，离开了学校的教育、管理和保护范围，发生事故时处于法定监护人的监护时间，故甲的死亡与学校管理没有因果关系，学校不应承担民事责任。

因此法院判决：由刘某补偿甲的父母经济损失15000元；田某补偿经济损失15000元；A中学不承担赔偿责任。

【法条链接】

《中华人民共和国宪法》节选

第十九条 国家发展社会主义的教育事业，提高全国人民的科学文化水平。

国家举办各种学校，普及初等义务教育，发展中等教育、职业教育和高等教育，并且发展学前教育。

国家发展各种教育设施，扫除文盲，对工人、农民、国家工作人员和其他劳动者进行政治、文化、科学、技术、业务的教育，鼓励自学成才。

国家鼓励集体经济组织、国家企业事业组织和其他社会力量依照法律规定举办各种教育事业。

国家推广全国通用的普通话。

第四十六条 中华人民共和国公民有受教育的权利和义务。

国家培养青年、少年、儿童在品德、智力、体质等方面全面发展。

《中华人民共和国民法典》节选

第一千一百八十八条　无民事行为能力人、限制民事行为能力人造成他人损害的，由监护人承担侵权责任。监护人尽到监护职责的，可以减轻其侵权责任。

有财产的无民事行为能力人、限制民事行为能力人造成他人损害的，从本人财产中支付赔偿费用；不足部分，由监护人赔偿。

第一千一百八十九条　无民事行为能力人、限制民事行为能力人造成他人损害，监护人将监护职责委托给他人的，监护人应当承担侵权责任；受托人有过错的，承担相应的责任。

《学生伤害事故处理办法》节选

第十二条　因下列情形之一造成的学生伤害事故，学校已履行了相应职责，行为并无不当的，无法律责任：

（一）地震、雷击、台风、洪水等不可抗的自然因素造成的；

（二）来自学校外部的突发性、偶发性侵害造成的；

（三）学生有特异体质、特定疾病或者异常心理状态，学校不知道或者难于知道的；

（四）学生自杀、自伤的；

（五）在对抗性或者具有风险性的体育竞赛活动中发生意外伤害的；

（六）其他意外因素造成的。

第十三条　下列情形下发生的造成学生人身损害后果的事故，学校行为并无不当的，不承担事故责任；事故责任应当按有关法律法规或者其他有关规定认定：

（一）在学生自行上学、放学、返校、离校途中发生的；

（二）在学生自行外出或者擅自离校期间发生的；

（三）在放学后、节假日或者假期等学校工作时间以外，学生自行滞留学校或者自行到校发生的；

（四）其他在学校管理职责范围外发生的。

第四节 农村精神文明建设的法律保障

【案例导入】

2018年3月9日19时许，甲与乙等人在李某白家北房二楼客厅内以"摇宝"猜单双的方式赌博，由甲当"宝官"主持赌局；至22时40分许被公安机关抓获时，包括甲在内的参赌人员有26人，且当场查获甲的赌资人民币11410元、其他参赌人员的赌资人民币34352元和无人认领的赌资人民币42638元，并缴获瓷杯一个、瓷碗一个、白豆四颗和桌布一张。于是甲于2018年3月10日被刑事拘留，同年3月20日被执行逮捕。A县人民检察院向A县人民法院起诉，指控甲犯赌博罪。

我国宪法倡导精神文明建设、移风易俗，而有些遗风陋俗涉嫌违法犯罪，相关当事人要承担一定的法律责任。作为时代新人，要积极学习相关法律知识，推进移风易俗工作，促进农村精神文明建设。

【知识学习】

一、农村精神文明建设的定义

农村精神文明建设包括农村思想建设和农村文化建设两个方面。它是相对于农村物质文明建设来讲的，是社会主义精神文明建设的一个重要方面。农村精神文明建设是随着物质文明建设发展而发展的。一方面，物质文明建设的发展带来了广大农民精神面貌的变化、思想观念的解放，他们开阔了视野，渴求创造新生活。另一方面，物质文明建设的发展，也对农村精神文明建设不断提出新任务和新要求。二者之间是互为条件、互相促进、相辅相成的。

二、农村精神文明建设的作用

农村精神文明建设为物质文明建设提供了精神动力、智力支持和思想保证。要坚持发展物质文明和精神文明，坚持"五讲四美三热爱"，培养有理想、有道德、有文化、有纪律的新型职业农民。要切实做好思想政治工作，端正方向，把思想政治工作放到重要的位置上。在增强思想政治工作的原则性和战斗性的同时，结合改革开放、农村商品经济的发展，引导农民摆脱小农经济思想束缚，加强社会主义、集体主义思想教育。大力普及农村文化科学技术教育，丰富农

村文化生活。

三、加强社会主义核心价值观的学习教育

党的十八大提出，倡导富强、民主、文明、和谐，倡导自由、平等、公正、法治，倡导爱国、敬业、诚信、友善，积极培育和践行社会主义核心价值观。富强、民主、文明、和谐是国家层面的价值目标，自由、平等、公正、法治是社会层面的价值取向，爱国、敬业、诚信、友善是公民个人层面的价值准则，这 24 个字是社会主义核心价值观的基本内容。

"富强、民主、文明、和谐"，在社会主义核心价值观中居于最高层次，对其他层次的价值理念具有统领作用。富强即民富国强，是社会主义现代化国家经济建设的应然状态，是中华民族梦寐以求的美好夙愿，也是国家繁荣昌盛、人民幸福安康的物质基础。民主是人类社会的美好诉求。我们追求的民主是人民民主，其实质和核心是人民当家做主。它是社会主义的生命，也是创造人民美好幸福生活的政治保障。文明是社会进步的重要标志，也是社会主义现代化国家的重要特征。它是社会主义现代化国家文化建设的应有状态，是对面向现代化、面向世界、面向未来的，民族的科学的大众的社会主义文化的概括，是实现中华民族伟大复兴的重要支撑。和谐是中国传统文化的基本理念，集中体现了学有所教、劳有所得、病有所医、老有所养、住有所居的生动局面。它是社会主义现代化国家在社会建设领域的价值诉求，是经济社会和谐稳定、持续健康发展的重要保证。

"自由、平等、公正、法治"，是对美好社会的生动表述，也是从社会层面对社会主义核心价值观基本理念的凝练。它反映了中国特色社会主义的基本属性，是我们党矢志不渝、长期实践的核心价值理念。自由是指人的意志自由、存在和发展的自由，是人类社会的美好向往，也是马克思主义追求的社会价值目标。平等指的是公民在法律面前一律平等，其价值取向是不断实现实质平等。它要求尊重和保障人权，人人依法享有平等参与、平等发展的权利。公正即社会公平和正义，它以人的解放、人的自由平等权利的获得为前提，是国家、社会应然的根本价值理念。法治是治国理政的基本方式，依法治国是社会主义民主政治的基本要求。它通过法治建设来维护和保障公民的根本利益，是实现自由平等、公平正义的制度保证。

"爱国、敬业、诚信、友善"，是公民基本道德规范，是从个人行为层面对社会主义核心价值观基本理念的凝练。它覆盖社会道德生活的各个领域，是公民必须恪守的基本道德准则，也是评价公民道德行为选择的基本价值标准。爱国是基于个人对自己祖国依赖关系的深厚情感，也是调节个人与祖国关系的行为准则。它同社会主义紧密结合在一起，要求人们以振兴中华为己任，促进民族团结，维护祖国统一，自觉报效祖国。敬业是对公民职业行为准则的价值评价，要求公民忠于职守，克己奉公，服务人民，服务社会，充分体现了社会主义职业精神。诚信即诚实守信，是人类社会千百年传承下来的道德传统，也是社会主义道德建设的重点内容，它强调诚实劳动、信守承诺、诚恳待人。友善强调公民之间应互相尊重、互相关心、互相帮助，和睦友好，努力形成社会主义的新型人际关系。

加强社会主义核心价值观的学习教育，要深入开展中国特色社会主义理论教育，深化习近平新时代中国特色社会主义思想教育，加强党的历史、党的知识、改革开放成果教育，帮助农民掌握创新理论，树立社会主义核心价值观。开展礼仪教育、诚信教育、感恩教育、养成教育。表彰和宣传道德模范、感动人物、平民英雄等典型，引导广大农民群众把社会主义核心价值观的要求转化为群体意识和自觉行动。加强以社会公德、职业道德、家庭美德、个人品德和爱国主义、社会主义、集体主义精神为主要内容的公民素质教育，不断提高农民群众的思想道德水平。

四、农村精神文明建设

目前，在农村中抓好社会主义的精神文明建设，主要抓好乡规民约的制订，这是农村精神文明建设的一种好形式，是群众自我教育、自我管理的好方法；同时还要抓好农村集镇文化中心的建设，这是农村精神文明建设的重要阵地。办好农村集镇文化中心势在必行；还要抓好先进典型，争做五好家庭、模范个人的活动在我国广大农村展开，把中华民族崇尚文明、追求文明、建设文明的行动推向了一个新的阶段。但是，我国的农村精神文明建设仍面临着巨大的困难和任务。比较低下的农民文化程度，封建的、落后的、愚昧的思想观念的影响，再加上部分农村干部对农村精神文明建设的重要性认识不够，都严重地影响农村精神文明建设。进行农村精神文明建设是一项长期、艰巨的任务，需要付出长时间的、极大的努力。

实施文明乡风建设行动。根据农村社会风气需要，建立文明乡风宣传教育组、文明乡风评议组、文明乡风督导组，修订完善乡规民约，做到责任分工明确，机制科学完善，制度约束有力。广泛开展以讲文明、讲卫生、讲科学、讲法治和改陋习为主要内容的活动，深化"文明乡村健康行动"，实施健康文化普及、健康家园优化、健康娱乐活动、健康乡风倡导行动，着力提高农民文明素质。召开乡风评议会、恳谈会、座谈会，引导农民群众移风易俗，改变婚丧喜庆等事宜大操大办的不良习俗，反对封建迷信，远离黄赌毒，消除邻里矛盾，

自觉弘扬勤劳节俭、诚信谦和、尊老爱幼、助人为乐的传统美德，努力形成良好的社会秩序和健康的社会风尚。

五、扫黑除恶专项斗争

《关于开展扫黑除恶专项斗争的通知》是中共中央、国务院于 2018 年 1 月发出的通知。该通知指出，为深入贯彻落实党的十九大部署和习近平总书记重要指示精神，保障人民安居乐业、社会安定有序、国家长治久安，进一步巩固党的执政基础，党中央、国务院决定，在全国开展扫黑除恶专项斗争。重点打击以下对象：（1）威胁政治安全特别是政权安全、制度安全以及向政治领域渗透的黑恶势力；（2）把持基层政权、操纵破坏基层换届选举、垄断农村资源、侵吞集体资产的黑恶势力；（3）利用家族、宗族势力横行乡里、称霸一方、欺压残害百姓的"村霸"等黑恶势力；（4）在征地、租地、拆迁、工程项目建设等过程中煽动闹事的黑恶势力；（5）在建筑工程、交通运输、矿产资源、渔业捕捞等行业、领域，强揽工程、恶意竞标、非法占地、滥开滥采的黑恶势力；（6）在商贸集市、批发市场、车站码头、旅游景区等场所欺行霸市、强买强卖、收保护费的市霸、行霸等黑恶势力；（7）操纵、经营"黄赌毒"等违法犯罪活动的黑恶势力；（8）非法高利放贷、暴力讨债的黑恶势力；（9）插手民间纠纷，充当"地下执法队"的黑恶势力；（10）组织或雇佣网络"水军"在网上威胁、恐吓、侮辱、诽谤、滋扰的黑恶势力；（11）境外黑社会入境发展渗透以及跨国跨境的黑恶势力；（12）黑恶势力"保护伞"。

黄赌毒，指卖淫嫖娼，贩卖或者传播黄色信息、赌博、买卖或吸食毒品的违法犯罪现象。黑恶势力往往操纵经营黄赌毒：操控娱乐场所从事黄赌毒等违法犯罪活动，严重败坏社会风气、危害社会治安；利用势力非法组织、引诱、介绍、容留、强迫卖淫或色情敲诈；利用势力开设赌场，在赌场放贷，组织专门人员黑吃黑、恶吃恶，利用掩护经营从事赌博的电子游戏机室、动漫电玩城；与境外有组织的犯罪团伙相互勾结、组织内地人员到境内外赌博并在放贷后拘禁参赌人员；在宾馆、夜总会、旅社纵容贩毒吸毒；网吧接纳未成年人上网。在中国，黄赌毒是法律严令禁止的活动，是政府主要打击的对象。黄赌毒的刑罚从拘留至死刑不等。

【案例解析】

《中华人民共和国刑法》第三百零三条第一款规定，以营利为目的，聚众赌博或者以赌博为业的，处三年以下有期徒刑、拘役或者管制，并处罚金。本案中，甲以营利为目的，采用"摇宝"的方式聚众赌博，其行为妨害社会管理秩序，违反公序良俗，构成赌博罪，最终被判处有期徒刑十个月，并处罚金人民币 20000 元。甲被扣押的人民币 11410 元系赌资，被没收，上缴国库。公安机关向李某白扣押的瓷杯子一个、瓷碗一个、白豆四颗和桌布一张系供犯罪所用的工具，被没收，作证据保存。

【法条链接】

《中华人民共和国宪法》节选

第二十四条　国家通过普及理想教育、道德教育、文化教育、纪律和法制教育，通过在城乡不同范围的群众中制定和执行各种守则、公约，加强社会主义精神文明的建设。

国家倡导社会主义核心价值观，提倡爱祖国、爱人民、爱劳动、爱科学、爱社会主义的公德，在人民中进行爱国主义、集体主义和国际主义、共产主义的教育，进行辩证唯物主义和历史唯物主义的教育，反对资本主义的、封建主义的和其他的腐朽思想。

《中华人民共和国刑法》节选

第二百九十四条　组织、领导黑社会性质的组织的，处七年以上有期徒刑，并处没收财产；积极参加的，处三年以上七年以下有期徒刑，可以并处罚金或者没收财产；其他参加的，处三年以下有期徒刑、拘役、管制或者剥夺政治权利，可以并处罚金。

境外的黑社会组织的人员到中华人民共和国境内发展组织成员的，处三年以上十年以下有期徒刑。

国家机关工作人员包庇黑社会性质的组织，或者纵容黑社会性质的组织进行违法犯罪活动的，处五年以下有期徒刑；情节严重的，处五年以上有期徒刑。

犯前三款罪又有其他犯罪行为的，依照数罪并罚的规定处罚。

黑社会性质的组织应当同时具备以下特征：

（一）形成较稳定的犯罪组织，人数较多，有明确的组织者、领导者，骨干成员基本固定；

（二）有组织地通过违法犯罪活动或者其他手段获取经济利益，具有一定的经济实力，以支持该组织的活动；

（三）以暴力、威胁或者其他手段，有组织地多次进行违法犯罪活动，为非作恶，欺压、残害群众；

（四）通过实施违法犯罪活动，或者利用国家工作人员的包庇或者纵容，称霸一方，在一定区域或者行业内，形成非法控制或者重大影响，严重破坏经济、社会生活秩序。

第三百零三条　以营利为目的，聚众赌博或者以赌博为业的，处三年以下有期徒刑、拘役或者管制，并处罚金。

开设赌场的，处三年以下有期徒刑、拘役或者管制，并处罚金；情节严重的，处三年以上十年以下有期徒刑，并处罚金。

《最高人民法院　最高人民检察院　公安部等关于办理黑恶势力犯罪案件若干问题的指导意见》节选

黑社会性质组织应同时具备《刑法》第二百九十四条第五款中规定的"组织特征""经济特征""行为特征"和"危害性特征"。由于实践中许多黑社会性质组织并非这"四个特征"都很明显，在具体认定时，应根据立法本意，认真审查、分析黑社会性质组织"四个特征"相互间的内在联系，准确评价涉案犯罪组织所造成的社会危害，做到不枉不纵。

《最高人民法院　最高人民检察院　公安部等关于办理恶势力刑事案件若干问题的意见》节选

恶势力，是指经常纠集在一起，以暴力、威胁或者其他手段，在一定区域或者行业内多次实施违法犯罪活动，为非作恶，欺压百姓，扰乱经济、社会生活秩序，造成较为恶劣的社会影响，但尚未形成黑社会性质组织的违法犯罪组织。

第二章　农村婚姻家庭的法律保障

第一节　结　婚

【案例导入】

甲（男）乙（女）于 2016 年 2 月经人介绍认识，同年 4 月按照当地民间习俗办理了婚礼，因乙未达法定婚龄，二人没有办理结婚登记。婚礼前，甲家给了乙家彩礼 98000 元，后乙家还礼 7800 元，同时甲家给乙购买了总计 32600 元的金手镯一只、金项链一串、金耳环两对、金戒指一枚、银针筒一串、玉手镯一只、银纽子一对。双方约定由甲入赘到乙家，在 2016 年 4 月底双方便随甲母到西藏拉萨做手艺，其间双方不断有矛盾发生，后 2017 年 3 月双方回到 A 地并开始分居。甲认为双方同居关系不足一年，已无法再共同生活下去，起诉至 A 地人民法院要求离婚，并要求乙返还彩礼钱和金银首饰。

【知识学习】

一、婚姻关系法律

家庭是构成社会的基本单位，家庭和谐社会才和谐。构建和谐社会，首先要构建和谐家庭。

结婚，是指配偶双方依照法律规定的条件和程序确立配偶关系的民事法律行为，并承担由此而产生的权利、义务及其他责任。夫妻关系至办理离婚证明或到法院起诉，作出的离婚判决生效时止，或夫妻双方一方死亡或被宣告死亡，婚姻关系自发生该法律事实时，婚姻关系终止。夫妻关系成立至终止期间，属于婚姻关系存续期间。在离婚诉讼法院判决离婚后，一方不服上诉的，这段时间仍属于婚姻存续期间。在我国，结婚自由是婚姻自由的一部分，任何人不得

强制或干涉，不得包办和买卖婚姻。

1994年2月1日民政部《婚姻登记管理条例》公布实施以前，男女双方没有办理结婚登记而以夫妻名义共同生活，并且已经符合结婚实质要件的，自双方以夫妻名义共同生活之日起或者自双方符合结婚实质要件之日起到婚姻关系解除或者一方死亡时，也属于婚姻关系存续期间。

根据《最高人民法院关于适用〈中华人民共和国婚姻法〉若干问题的解释（一）》第四条规定，男女双方根据婚姻法第八条规定补办结婚登记的，婚姻关系的效力从双方均符合婚姻法所规定的结婚的实质要件时起算。

二、结婚的要件

婚姻有效，必须具备以下条件，否则婚姻会因为欠缺有效要件而无效，或者成为可撤销婚姻。

（一）必须是异性结婚，在我国同性婚姻是不被承认的。

（二）男女双方缔结婚姻必须完全出自自愿。

（三）须达到法定结婚年龄，男方不得早于22岁，女方不得早于20周岁。

（四）符合一夫一妻制，不得重婚。

（五）双方不是直系血亲和三代以内的旁系血亲。

（六）一方患有重大疾病的，应当在结婚登记前如实告知另一方。

（七）完成婚姻登记机关的结婚登记。法律规定，要求结婚的男女双方必须亲自到婚姻登记机关进行结婚登记。

实际生活中，存在男女双方根据当地风俗习惯办理了婚礼，但因种种原因一直未办理结婚登记手续的情况。这种情况下，很多人都认为婚姻是成立的，属于事实婚姻。但根据法律规定，只有在1994年2月1日之前办理了婚礼或虽未办理婚礼但以夫妻名义同居的双方，才属于法律上认可的事实婚姻。因此，1994年2月1日之后未办理结婚手续在一起生活的男女双方，均按同居关系处理。其中涉及的双方财产不适用婚姻存续期间共同财产的相关规定，所生育子女也属于非婚生子女。

三、婚约财产纠纷

广大农村地区有很多未达法定婚龄的年轻人先按农村习俗举行婚礼后同居，等双方均达到法定年龄了再去补办结婚登记手续，一些年轻人甚至未达婚龄便生育子女，或订立婚约过后反悔。最初两人草率选择在一起，后又因为发生矛盾选择分开，此时双方已为办婚礼支出甚多，尤其按照各地风俗男方要向女方支付金额不低的彩礼并给女方购买金银首饰，女方也要带给婆家一些嫁妆。同居关系解除很简单，但是彩礼等问题往往需要通过法律加以解决。

根据最高人民法院的司法解释，当事人请求返还按照习俗给付的彩礼的，如果双方未办理结婚登记手续，应当返还；或者双方虽然办理结婚登记手续但未共同生活，或者婚前给付导致给付人生活困难，双方离婚的，应当返还。

彩礼，包括男方赠送给女方的聘礼、婚约双方当事人在婚约期间或婚约之前互赠的财物，以及婚约双方当事人的亲戚、朋友为之庆贺所赠与的财物。婚约期间的宴席费、其他的共同消费开支等则不宜纳入彩礼的范围。婚约财产纠纷中的彩礼返还，应按照婚约解除时的双方违约程度、财产的实际情况以及当地民间习俗加以确定。

【案例解析】

本案是一起典型的农村彩礼财产纠纷。甲乙经人介绍认识不久后确立恋爱关系，后举行结婚仪式，但双方并未办理结婚登记手续，同时乙又未达到法定婚龄，故双方并未建立婚姻关系。彩礼是男女双方以将来结婚为目的而给付的行为，从法律性质上是一种以结婚为目的的赠予行为。甲给付90200元及价值约32600元的首饰均是以结婚为目的，这些财物均属于彩礼。因甲乙未建立婚姻关系，乙应将以上彩礼款及首饰予以返还，但双方均明知乙未达法定婚龄还订立婚约，均有过错，且甲乙已实际同居快一年，故彩礼款及首饰应以折价适当返还为宜。最后，当地人民法院判决由乙返还甲彩礼人民币60000元。

【法条链接】

《中华人民共和国民法典》节选

第一千零四十六条　结婚应当男女双方完全自愿，禁止任何一方对另一方加以强迫，禁止任何组织或者个人加以干涉。

第一千零四十七条　结婚年龄，男不得早于二十二周岁，女不得早于二十周岁。

第一千零四十八条　直系血亲或者三代以内的旁系血亲禁止结婚。

第一千零四十九条　要求结婚的男女双方应当亲自到婚姻登记机关申请结婚登记。符合本法规定的，予以登记，发给结婚证。完成结婚登记，即确立婚姻关系。未办理结婚登记的，应当补办登记。

第一千零五十条　登记结婚后，按照男女双方约定，女方可以成为男方家庭的成员，男方可以成为女方家庭的成员。

第一千零五十一条　有下列情形之一的，婚姻无效：

（一）重婚；

（二）有禁止结婚的亲属关系；

（三）未到法定婚龄。

第一千零五十二条　因胁迫结婚的，受胁迫的一方可以向人民法院请求撤销该婚姻。

请求撤销婚姻的，应当自胁迫行为终止之日起一年内提出。

被非法限制人身自由的当事人请求撤销婚姻的，应当自恢复人身自由之日起一年内提出。

第一千零五十三条　一方患有重大疾病的，应当在结婚登记前如实告知另一方；不如实告知的，另一方可以向人民法院请求撤销婚姻。

请求撤销婚姻的，应当自知道或者应当知道撤销事由之日起一年内提出。

第一千零五十四条　无效的或被撤销的婚姻自始没有法律约束力，当事人不具有夫妻的权利和义务。同居期间所得的财产，由当事人协议处理；协议不成的，由人民法院根据照顾无过错方的原则判决。对重婚导致的婚姻无效的财产处理，不得侵害合法婚姻当事人的财产权益。当事人所生的子女，适用本法关于父母子女的规定。

第二节　离　婚

【案例导入】

甲（女）乙（男）于 2009 年 9 月通过网络认识，同年 11 月份即确立恋爱关系，随后登记结婚，双方都是再婚。双方自 2010 年 10 月起，在乙的老家 A 市 B 镇 C 村三组 1 号注册登记建材经营部，共同经营太阳能安装、销售工作。婚姻关系存续期间，双方共同于 2012 年底在乙家的宅基地上建盖二层钢结构简易房（楼上、下各四间，共八间）。后来双方在共同生活中因为琐事产生矛盾，2014 年 7 月，甲回到 D 镇娘家待产，后生一女丙，此后甲与女儿丙一直在她的娘家生活。在此期间，甲虽因经营太阳能生意回 A 市 B 镇数次，但甲、乙双方一直处于分居状态。甲回娘家生活后，与其姐二人在××古城××路××号合伙经营民族服装店及蛋糕店；为筹集合伙投资款，甲以自己的名义向××金融小额贷款公司借款 5 万元，乙也在借款合同上签了字，由甲按期还款；另外以甲名义向××信贷公司借款 15 万元，由甲姐妹俩共同还款。后来，甲向人民法院起诉，请求与乙离婚并分割财产。

【知识学习】

一、离婚相关法律制度

离婚，是指夫妻双方通过协议或诉讼的方式解除婚姻关系，终止夫妻间权利和义务的法律行为。在我国，离婚自由是婚姻自由的一部分。

（一）我国法律关于离婚的规定

1. 男女双方自愿离婚的，并已对子女抚养、财产以及债务处理等事项协商一致的，准予离婚，予以离婚登记。男女一方要求离婚的，可以由有关组织进行调解或直接向人民法院提起离婚诉讼。人民法院审理离婚案件，应当进行调解；如果感情确已破裂，调解无效的，应当准予离婚。一方被宣告失踪，另一方提出离婚诉讼的，应准予离婚。

2.《中华人民共和国民法典》在婚姻家庭篇中增加了三十天离婚冷静期的规定。自婚姻登记机关收到离婚登记申请之日起三十日内，任何一方不愿意离婚的，可以向婚姻登记机关撤回离婚登记申请。

3. 现役军人的配偶要求离婚，须得军人同意，但军人一方有重大过错的除外。

4. 女方在怀孕期间、分娩后 1 年内或终止妊娠后 6 个月内，男方不得提出离婚。女方提出离婚的，或人民法院认为确有必要受理男方离婚请求的，可以准予离婚。

（二）对离婚双方财产的处理

1. 夫妻离婚时，必须对共同财产进行分割。夫妻对共同所有的财产，有平等的处理权。夫妻在婚姻关系存续期间所得的下列财产，归夫妻共同所有：工资、奖金、劳务报酬；生产、经营、投资的收益；知识产权的收益；继承或者受赠的财产，但《中华人民共和国民法典》第一千零六十三条第三项规定的除外；其他应当归共同所有的财产。夫或妻在家庭土地承包经营中享有的权益等，应当依法予以保护。

2. 属于夫妻一方的财产，在离婚时不进行分割，归各自所有：一方的婚前财产；一方因受到人身损害获得的赔偿或者补偿；遗嘱或者赠予合同中确定只归一方的财产；一方专用的生活用品；其他应当归一方的财产。

3. 夫妻一方因抚育子女、照料老人、协助另一方工作等负担较多义务的，离婚时有权向另一方请求补偿，另一方应当给予补偿。具体办法由双方协议；协议不成时，由人民法院判决。

4. 夫妻离婚时，如果一方生活困难，有负担能力的另一方应当给予适当帮助。具体办法由双方协议；协议不成时，由人民法院判决。

5. 原为夫妻共同生活所负的债务，离婚时应当共同偿还。共同财产不足清偿的或者财产归各自所有的，由双方协议清偿；协议不成时，由人民法院判决。夫妻对婚姻关系存续期间所得的财产约定归各自所有，夫或妻一方对外所负的债务，第三人知道该约定的，以夫或妻一方的个人财产清偿。但夫妻双方关于对外债务的约定，不得对抗不知情的第三人。

（三）离婚时对未成年子女抚养教育问题的处理

1. 离婚后，不满两周岁的子女，以由母亲直接抚养为原则。已满两周岁的子女，父母双方对抚养问题协议不成的，由人民法院根据双方的具体情况，按照最有利于未成年子女的原则判决。子女已满八周岁的，应当尊重其真实意愿。

2. 父母与子女间的关系，不因父母离婚而消除。父母离婚后，对于子女仍有抚养、教育、保护的权利和义务。一方直接抚养子女的，另一方应当负担部分或者全部抚养费。负担费用的多少和期限的长短，由双方协议；协议不成的，由人民法院判决。达成的协议或者法院判决，不妨碍子女在必要时向父母任何一方提出超过协议或者判决原定数额的合理要求。

3. 离婚后，不直接抚养子女的父或者母，有探望子女的权利，另一方有协助的义务。行使探望权利的方式、时间由当事人协议；协议不成的，由人民法院判决。父或母探望子女，不利于子女身心健康的，由人民法院依法中止探望；中止的事由消失后，应当恢复探望。

（四）离婚的方式

1. 协议离婚。夫妻双方依据法律的规定合意解除婚姻关系。男女双方自愿离婚的，双方必须到婚姻登记机关申请离婚登记。婚姻登记机关经过形式审查和实质审查，确认双方自愿并对未成年子女抚养、财产和债务问题已经有适当处理的，办理离婚登记并发给离婚证。

2. 诉讼离婚。夫妻双方对离婚、离婚后子女抚养或财产分割等问题不能达成协议，由一方向人民法院起诉，人民法院依诉讼程序审理后，调解或判决解除婚姻关系的法律制度。法院判决离婚的法定标准是感情确已破裂，调解无效。

（五）离婚的法律后果

离婚解除了当事人之间的夫妻身份关系，双方获得再婚的权利。男女双方自愿恢复夫妻关系的，应当到婚姻登记机关重新进行结婚登记。农村地区一些夫妻离婚后由于各种原因又以夫妻名义一起共同生活但没有进行结婚登记的，在法律上仍然属于同居关系。

二、农村离婚的原因

文学作品来源于生活又高于生活，但生活远比我们看到的文学作品更复杂。在现实中，农村离婚的原因五花八门，但也有其共性，主要有这些情形：

1. 因缺乏感情基础而离婚。在农村，婚姻常常由媒人介绍，双方条件合适相处不久就进入婚姻殿堂，或者由于男女青年通过微信、抖音、快手等社交软件认识，在不熟悉对方人品、家庭情况的前提下凭激情结婚。当事人缺乏应有的感情基础，如果婚后未建立起稳固的感情，往往走向离婚。

2. 封建思想严重导致的离婚。在农村男尊女卑的封建思想比较浓厚，重男轻女、家庭暴力等现象时有发生，令一方无法忍受，也是导致离婚的原因之一。

3. 第三者插足或一方出轨导致的离婚。现代社会人们思想观念更新得快，但思想道德素质教育却没有及时跟上，在农村和城市，都存在大量不忠于婚姻的现象。有婚后因地位、条件或客观环境的改变，夫妻感情发生变化，抛弃配偶另寻新欢的；也有农村劳动力外出务工、做生意导致夫妻分居，出现第三者插足或一方出轨的，这些也是导致农村离婚率攀升的主要原因。

【案例解析】

本案是一起涉及再婚的离婚纠纷，情况非常复杂，既涉及婚生子女的抚养权归属问题，又涉及夫妻共同财产和共同债务的问题。但是按照我国相关法律的规定，甲乙婚后因产生矛盾，夫妻不和，分居时间已满两年，其间互不履行夫妻义务。甲起诉离婚，即使乙不同意离婚，甲的起诉也符合法定的准予离婚的情形，对甲要求与乙离婚的诉讼请求，法院会依法予以准许。对于婚生女丙的抚养问题，由于丙年纪较小且一直随甲方生活的，结合甲乙职业、收入等实际情况，丙由甲抚养为宜，由不直接抚养子女的乙支付抚养费。而对夫妻共同财产分割及债务承担问题，则应根据双方共有的具体财产情况、实际需要及照顾子女和女方权益的原则进行分割。

本案中，原告、被告共同在被告乙位于 A 市 B 镇 C 村宅基地上建盖的二层钢结构简易房（楼上、下共八间），建材经营部，甲与其姐姐合伙经营的民族服装店、蛋糕店中属于甲乙的财产份额都属于夫妻共同财产，在财产分割时应按便于管理、公平的原则来进行分割。

以甲名义向××金融小额贷款公司、××信贷公司借款用于投资的剩余未偿还款项属于夫妻共同债务，但由于在借贷时甲乙双方事先有协议，且为甲单

独使用的情况下，由甲自行偿还比较公平。

【法条链接】

《中华人民共和国民法典》节选

第一千零六十二条　夫妻在婚姻关系存续期间所得的下列财产，为夫妻的共同财产，归夫妻共同所有：

（一）工资、奖金、劳动报酬；

（二）生产、经营、投资的收益；

（三）知识产权的收益；

（四）继承或者受赠的财产，但是本法第一千零六十三条第三项规定的除外；

（五）其他应当归共同所有的财产。

夫妻对共同财产，有平等的处理权。

第一千零六十三条　下列财产为夫妻一方的个人财产：

（一）一方的婚前财产；

（二）一方因受到人身损害获得的赔偿或者补偿；

（三）遗嘱或者赠与合同中确定只归一方的财产；

（四）一方专用的生活用品；

（五）其他应当归一方的财产。

第一千零六十五条　男女双方可以约定婚姻关系存续期间所得的财产以及婚前财产归各自所有、共同所有或部分各自所有、部分共同所有。约定应当采用书面形式。没有约定或约定不明确的，适用本法第一千零六十二条、第一千零六十三条的规定。

夫妻对婚姻关系存续期间所得的财产以及婚前财产的约定，对双方具有法律约束力。

夫妻对婚姻关系存续期间所得的财产约定归各自所有的，夫或者妻一方对外所负的债务，相对人知道该约定的，以夫或者妻一方的个人财产清偿。

第一千零七十九条　夫妻一方要求离婚的，可以由有关组织进行调解或者直接向人民法院提起离婚诉讼。

人民法院审理离婚案件，应当进行调解；如果感情确已破裂，调解无效的，应当准予离婚。

有下列情形之一，调解无效的，应当准予离婚：

（一）重婚或者与他人同居；

（二）实施家庭暴力或虐待、遗弃家庭成员；

（三）有赌博、吸毒等恶习屡教不改；

（四）因感情不和分居满二年；

（五）其他导致夫妻感情破裂的情形。

一方被宣告失踪，另一方提出离婚诉讼的，应当准予离婚。

经人民法院判决不准离婚后，双方又分居满一年，一方再次提起离婚诉讼的，应当准予离婚。

第一千零九十条　离婚时，如果一方生活困难，有负担能力的一方应当给予适当帮助。具体办法由双方协议；协议不成的，由人民法院判决。

第一千零九十二条　夫妻一方隐藏、转移、变卖、毁损、挥霍夫妻共同财产，或者伪造夫妻共同债务企图侵占另一方财产的，在离婚分割夫妻共同财产时，对该方可以少分或不分。离婚后，另一方发现有上述行为的，可以向人民法院提起诉讼，请求再次分割夫妻共同财产。

《最高人民法院关于适用〈中华人民共和国婚姻法〉若干问题的解释（三）》节选

第十条　夫妻一方婚前签订不动产买卖合同，以个人财产支付首付款并在银行贷款，婚后用夫妻共同财产还贷，不动产登记于首付款支付方名下的，离婚时该不动产由双方协议处理。

第十一条　依前款规定不能达成协议的，人民法院可以判决该不动产归产权登记一方，尚未归还的贷款为产权登记一方的个人债务。双方婚后共同还贷支付的款项及其相对应财产增值部分，离婚时应根据婚姻法第三十九条第一款规定的原则，由产权登记一方对另一方进行补偿。

第十一条　一方未经另一方同意出售夫妻共同共有的房屋，第三人善意购买、支付合理对价并办理产权登记手续，另一方主张追回该房屋的，人民法院不予支持。

夫妻一方擅自处分共同共有的房屋造成另一方损失，离婚时另一方请求赔偿损失的，人民法院应予支持。

第十二条　婚姻关系存续期间，双方用夫妻共同财产出资购买以一方父母名义参加房改的房屋，产权登记在一方父母名下，离婚时另一方主张按照夫妻共同财产对该房屋进行分割的，人民法院不予支持。购买该房屋时的出资，可以作为债权处理。

第三节　分家析产

【案例导入】

甲（男）乙（女）是再婚夫妇，双方结婚时各自带了两个孩子，甲有与前妻生的一子（丙）一女，乙有与前夫生的一子（丁）一女，双方登记结婚后六人共同生活，并于 1989 年 12 月 2 日新批得位于 A 镇 B 村 8.7 米共 140 平方米的宅基地，后甲乙夫妻于第二年建盖了房屋基础及房屋墙体，间隔一年后夫妻俩请同村人打了部分隔墙及浇灌了房屋屋顶，当时丙尚未成年。后两女出嫁，丙随后也结了婚。婚后三年，甲乙丙丁在村小组组长、妇女委员会的主持下分家，丙分得村西头的老房子及自留地上所建的石棉瓦房，丁分得村尾的四间毛坯房，当时丁正在读大学，该房产分给其母乙，两个女儿未参与分割上述房产。分家后甲乙丁便搬到村尾的房子居住至今。丁大学毕业工作后几年，甲乙丁对房屋进行了装修，并建盖了南北两边的耳房、大门及围墙，2012 年又用从其姐的铺面拆下来的彩钢瓦在村尾争议房屋二层搭建了两间彩钢瓦房用于堆放杂物及隔热。丙将分得的石棉瓦房顶拆除，在原有围墙、柱子的基础上浇筑了混凝土顶，建盖了二层。丙认为位于 A 镇 B 村尾的丁户房屋有其份额，向法院提起诉讼，请求法院依法对该房地产进行析产，并将房产 50% 的份额分配给自己。

农村分家析产过程中的争执焦点多为土地、房屋之类的家族固定资产，处理不当，就会长期影响家庭成员之间的和睦，进而影响社会和谐。

【知识学习】

一、分家析产相关法律制度

分家，是指把一个较大的家庭按血缘、姻缘关系分成几个较小的家庭。析产，是指财产共有人通过协议的方式，根据一定的标准，将家庭共有财产予以分割，分属各共有人所有。

分家必然会涉及析产，还包含老人赡养的负担、共同债务的承担等一系列民事法律行为。在分家析产的过程中，对家庭财产的分割是一个重要的内容，其来源主要是家庭成员在共同生活期间的共同劳动收入、家庭成员交给家庭的财产和家庭成员共同积累、购置、受赠的财产，以及为了家庭的共同利益、用于家庭生活所产生的债务。

法律没有对分家析产做出专门的规定。但是，在司法实践中，处理分家析产的问题，一般遵循以下这些原则：家庭成员在法律上取得家庭财产的权利是平等的，取得财产的多少应根据村规民约、家庭成员的约定、对家庭财产的贡献程度、家庭的伦理性要求、法定分配原则等因素来分割。

在农村，儿女长大成家后一般面临着"分门立户"，特别是子女比较多的家庭，往往交织着父母子女之间、兄弟姐妹之间的种种利益冲突，如果分家析产过程中不能做到公平、公正，合理平衡照顾各方利益，有可能导致父母子女、兄弟姐妹反目成仇。分家析产不是家庭成员亲属关系的终止，也并非一定影响到家庭基本功能的发挥。分家析产只是对家庭财产的分割，以及通过分家析产的方式来取得"分门立户"的现实效果。分家析产之后，不会改变家庭成员之间的亲属关系，家庭成员之间的赡养、抚育以及教育关系仍然存在，家庭成员之间在身份上的权利和义务关系仍然存在。

二、分家析产处理办法

分家析产在我国有悠久的传统，许多做法约定俗成。农村的分家析产一般由家庭中辈分最高的当家人主导进行，在分家析产的过程中掺杂着赡养义务的分担，情况复杂。调解分家析产纠纷，应依照法律的有关规定，同时尊重民间习俗，妥善协调民间习俗与法律规定的冲突，提出切实可行的权利分配与义务承担方案。

家庭财产分割应考虑家庭成员对家庭财产的贡献程度并适当照顾家庭弱势群体。家庭成员对家庭财产的贡献程度不仅仅是直接经济收入，还应包括劳务、家事管理等付出。家庭弱势群体（如老人、妇女、儿童、丧失劳动能力的人）对家庭财产的贡献可能有限、贡献较小或者没有贡献，但是，在分割家庭财产时应分给他们必要的份额。

家庭财产分割只涉及家庭成员共有的财产，不能对属于家庭成员个人的财产进行分割。家庭成员都是家庭共同财产的共有人。没有分配的遗产只能属于有继承权的人共有，无继承权的家庭成员不是未分配遗产的共有人，原则上不

能分得遗产。

分割共有物不得损害物的经济价值。分割共有物应从有利于生产、生活和物的利用上进行考虑：可分物在分割后无损于物的使用价值的，可以进行实物分割。不可分割的物，如农机、农用车、仓库等，共有人中有人愿意取得共有物的，可对其他共有人作价补偿；如共有人都不愿取得共有物的，可把共有物作价出售后由共有人分割价金。

分割家庭成员共同经营的生产资料应有利于生产和经营。家庭成员共同经营的生产资料虽然是可分物，但应本着有利于生产和经营的原则，实行按份共有的办法，共有人中有意愿取得的，可对其他共有人作价补偿；共有人都不愿取得的，可作价出售后由共有人分割价金。

【案例解析】

本案是一起农村常见的分家析产纠纷，但由于这是一个重组家庭，再婚双方又各自带了原配子女组建新家庭，使得案件呈现出复杂性。

诉争房屋系甲乙夫妻二人于1990年、1992年建盖，当时甲尚未成年，因其系家庭成员对该房产享有居住权，但无财产权，丙成年后通过分家取得了村西头的部分祖遗房屋，其居住权已解决，他再起诉请求分割村尾诉争房屋不符合法律规定。

在类似的案件中，如果当事人已经成年，且在建盖家里的房屋时做出了相应的贡献，那么在分家过程中就可以作为共同共有人进行房屋分割。

【法条链接】

《中华人民共和国民法典》节选

第二百九十七条　不动产或者动产可以由两个以上组织、个人共有。共有包括按份共有和共同共有。

第二百九十九条　共同共有人对共有的不动产或者动产共同享有所有权。

第四节　抚　养

【案例导入】

甲（男）乙（女）原来是夫妻关系，婚后曾共同生育两个女儿丙和丁。2010年12月6日，甲与乙到民政局办理了离婚手续，丙归甲抚养，丁归乙抚养，互相不支付子女抚养费。后来乙改嫁到A镇B村，丁随其一起到B村生活，并在当地小学读书。后乙与其现任丈夫发生矛盾，擅自丢下丁不管不问，而乙的现任丈夫对丁也不闻不问。丁无法与其继父共同生活，于是向其生父甲求助，要求变更抚养关系，变更为由甲直接抚养，并将其学籍和户口转回甲家。但甲因无法与乙联系并协商，以致无法为丁转户口和办理转学手续。无奈之下，为方便管理及维护丁的合法权益，甲只好向法院起诉，要求变更女儿丁的子女抚养权。

【知识学习】

一、抚养基本法律制度

抚养，是指长辈亲属对晚辈亲属的抚育教养。

（一）抚养权

1. 抚养权是父母（包括生父母、继父母、养父母）对其子女的一项人身权利。拥有该权利的一方或双方在子女成年之前，有权决定是否与子女共同生活，该权利在子女成年时消灭。

2. 夫妻离婚时，子女抚养权的归属可以协商，如协商不成，则由法院判决。法院判决抚养权归属时，必须坚持有利于子女成长的原则。

3. 不直接抚养子女的一方仍然享有探视权，可以在约定或裁判的时间内定期探视子女，并与子女进行短暂的相处。

（二）抚养费

1. 抚养费包括生活费、教育费和医疗费。

2. 我国法律对子女抚养费的数额未作确定性的规定，但最高人民法院印发的《关于人民法院审理离婚案件处理子女抚养问题的若干具体意见》中对这一问题做出了明确规定：抚育费的给付标准可根据子女的实际需要、父母双方的负担能力和当地的实际生活水平确定，有固定收入的，抚育费一般可按其月总收入的20%～30%的比例给付。负担两个以上子女抚育费的，比例可适当提高，但一般不得超过月总收入的50%。无固定收入的，抚育费的数额可依据当年总收入或同行业平均收入，参照上述比例确定。

3. 抚养费一般是按月支付，按月打入孩子抚养费的专用账户或在探视孩子时支付，有条件的也可一次性支付。

4. 抚养费的给付期限。一般至子女18周岁为止。16周岁以上不满18周岁的子女，以其劳动收入为主要生活来源，并能维持当地一般生活水平的，父母可停止给付抚养费。子女虽满18周岁但尚未独立生活的，如父母有给付能力，仍应负担必要的抚养费。

二、农村抚养纠纷的处理

1. 充分考虑未成年子女与家庭成员的关系，考虑到孩子的家庭环境。注重从父母的综合实力和父母子女间的感情方面确定子女抚养关系。

2. 一方面应从照顾未成年子女及女方利益方面考虑，如未成年子女与女方一起生活，应由男方多给付抚养费。另一方面应从双方经济状况、与子女感情情况、子女本人意见等方面综合考虑，确定未成年子女直接抚养权。

3. 对已满8周岁的限制民事行为能力人，要尊重其真实意愿，征求其意见，注意其内心感受，要充分意识到子女意见的重要性。

4. 有多个子女的，如果子女之间的感情较好，则不宜分离。

5. 细化探望措施，解决双方后顾之忧。

三、抚养关系的解除

值得注意的是，在生活中，还存在一些继父母和继子女之间的抚养关系。继父母和继子女之间的关系和一般的父母子女关系不同，前者具有姻亲关系和教育抚养关系，但不具备血缘关系，这种权利和义务在下列情况下是可以解除的：

1. 生父与继母或生母与继父离婚时，生父（母）和继母（父）都要求抚养该子女的，抚养权归生父母所有。

2. 生父与继母或生母与继父离婚时，对曾受其抚养教育的继子女，继父母不愿意继续抚养的，认为抚养关系已经解除，该子女仍由生父母抚养。

在实践中同时满足以下三个条件的，由祖父母、外祖父母履行对孙子女、外孙子女的抚养义务：

1. 被抚养人是未成年人。

2. 被抚养人的父母亲已经死亡或者无能力抚养。

3. 未成年人的祖父母、外祖父母有负担能力。

【案例解析】

本案中，丁是未成年人，离婚时由母亲乙抚养，乙应当对丁的生活、教育承担责任和义务；乙外出后对女儿丁不闻不问是严重不负抚养责任的行为，没有履行好监护人的监护职责。被抚养人丁自愿要求父亲甲抚养，且抚养人甲有能力进行抚养，甲要求变更子女抚养权，符合法律关于变更子女抚养权的情形，法院将支持原由乙抚养的女儿丁变更为由甲自行抚养。

父母与子女间的法律关系和抚养权利义务并不因父母婚姻关系的解除而解除，因此成年男女离婚后，即使再次组建家庭，也应当继续认真履行对未成年子女的照顾、教育、保护、抚养义务。

【法条链接】

《中华人民共和国民法典》节选

第一千零六十七条　父母不履行抚养义务的，未成年子女或不能独立生活的成年子女，有要求父母给付抚养费的权利。

成年子女不履行赡养义务的，缺乏劳动能力或生活困难的父母，有要求成年子女给付赡养费的权利。

第一千零七十一条　非婚生子女享有与婚生子女同等的权利，任何组织或者个人不得加以危害和歧视。

不直接抚养非婚生子女的生父或者生母，应当负担未成年子女或者不能独自生活的成年子女的抚养费。

第一千零七十四条　有负担能力的父母、外祖父母，对于父母已经死亡或者父母无力抚养的未成年子女、外孙子女，有抚养的义务。

有负担能力的孙子女、外孙子女，对于子女已经死亡或者子女无力赡养的祖父母、外祖父母，有赡养的义务。

第五节 赡 养

【案例导入】

甲（母）与乙（子）系母子关系，甲生有一子（乙）一女，二人均已成家。由于甲早年长期独自外出生活，与乙母子关系比较疏远。近年来经有关部门协调，甲搬回乙家里生活，但甲乙时常因生活琐事发生矛盾，关系不断恶化。2017 年 11 月 10 日，在 A 乡法律服务所主持下，双方对家庭矛盾进行调解，但依然未彻底解决甲的生养死葬问题。后甲诉至法院，要求判令乙承担赡养义务：甲在生活能够自理的情况下，独自在老房子居住生活，每月由甲支付生活费 200 元，每年承担大米 300 斤，负担其生病治疗的相关费用；甲生活不能自理时，乙负责其全部生活和送终问题。同时，甲并没有起诉其女儿。乙则认为在其年幼时甲并未尽到母亲的责任，对他疏于照顾、缺乏关心，故他也无须承担对乙的赡养义务。

【知识学习】

一、赡养基本法律制度

赡养，是指子女（或晚辈）在经济上为父母（或长辈）提供必需的生活用品和费用的行为。它是子女对父母或晚辈对长辈孝顺的一种行为，是中华民族的优良传统，包括子女对父母的赡养和晚辈对长辈的赡养。

（一）赡养义务

1. 赡养义务，主要是赡养义务人在经济上应为被赡养人提供必要的生活用品和费用，在生活上、精神上、感情上对被赡养人应尊敬、关心和照顾。

2. 有经济负担能力的赡养义务人，不分男女、已婚未婚，在被赡养人需要赡养时，都应依法尽力履行赡养义务直至被赡养人死亡。

3. 婚生子女对父母、非婚生子女对生父母、养子女对养父母，以及继子女对履行了抚养教育义务的继父母，负有赡养义务。

4. 有负担能力的孙子女、外孙子女，对于子女已经死亡的祖父母、外祖父母，负有赡养义务。

（二）赡养费的确定

1. 赡养费包括老年人基本赡养费、老年人的生病治疗费用、生活不能自理老人的护理费用、老年人的住房费用、必要的精神消费支出、必要的保险金费用六个方面。

2. 赡养义务人的内容大体相同，但是在义务履行过程中要以赡养人的实际能力为限，由赡养人与被赡养人协商，根据当地的经济水平、被赡养人的实际需求和赡养人的经济能力综合确定。

3. 对于农村户口老年人的赡养费，一般按照当地统计部门发布的上年度当地农民年人均生活费数据为基准。

4. 随着时间的推移，原来确定的赡养费标准已不能保障被赡养人的基本生活，赡养义务人有能力负担的，被赡养人可以要求增加赡养费数额。

二、农村赡养纠纷的处理

（一）保护被赡养人的一般利益

1. 要充分考虑被赡养人与家庭成员的关系，从照顾被赡养人利益方面考虑，综合确定被赡养人的生活地点和负责照顾的人。

2. 要细化对被赡养人的日常生活、情感关怀和疾病治疗的措施，明确赡养费的具体来源，解决被赡养人的后顾之忧。

（二）特殊情形下的赡养义务

1. 形成了抚养关系的继子女必须对继父母尽赡养义务。

2. 女儿对父母有赡养扶助的义务。赡养人是没有工资收入的家庭妇女的，可以从她夫妻共同劳动所得的财产中取得适当部分来赡养父母。

3. 父母对子女未尽抚养义务，或者因一般性错误行为给子女造成心灵伤害的，子女独立后仍应自觉履行赡养老年父母的义务。但是，父母犯有严重伤害子女感情和身心健康罪行的，原则上丧失了要求被害子女赡养的权利。如：父母犯有杀害子女的罪行的，父亲奸污女儿的，父母犯有虐待、遗弃子女罪行的。

4. 父母取消子女对财产的继承权的，子女仍有赡养义务。子女声明放弃财产继而不承担赡养义务的，子女放弃继承权的行为有效，但是不承担赡养义务的行为无效。

5. 子女对父母的赡养义务，不因父母的婚姻关系变化而结束。农村很多子女不愿意老人再婚，甚至以不赡养老人作为威胁阻止老人再婚的行为，是违反法律规定的。

古代圣贤说："老吾老，以及人之老。"教导我们不仅要尊敬自家的老人，还要尊敬天下的老人。令人感叹的是，农村的老人丧失了劳动能力后，除了每个月国家发放的金额不多的养老金外，没有其他生活来源，而不明事理的儿女往往嫌弃老人不参加劳动、不为家庭做贡献，对待老人态度恶劣，对自家的老

人尚且如此，还何谈尊敬天下老人。我们的父母也曾在年轻时脸朝黄土背朝天为我们负重前行，谁人又没有老的一天呢？希望年轻人能够善待自家的老人，让他们颐养天年。

【案例解析】

法律规定成年子女对父母有赡养扶助的义务。子女不履行赡养义务时，无劳动能力或生活困难的父母有要求子女尽赡养义务的权利。本案中乙作为甲之子，对年老体弱、丧失劳动能力的甲有赡养义务。乙辩称甲早年长期外出对他疏于照顾，不应由他对甲承担赡养义务，这不符合法律的规定。父母对子女未尽抚养义务，或者因一般性错误行为给子女造成心灵伤害的，子女独立后仍应自觉履行赡养老年父母的义务。甲提出生活自理期间单独生活，要求乙支付生活费、给付大米及承担医疗费用，保障其基本生活所需，符合法律规定；甲关于在生活不能自理后由乙负责其生养死葬的请求，也是共同生活的乙义不容辞的责任。甲自愿放弃对案外人女儿的起诉，是对自己民事权利的处分，但并不意味着免除了女儿对甲的赡养义务。关于甲要求单独居住老房的请求，考虑到该房屋属于危房、不宜居住的实际，由甲继续居住在乙原来给她安排的房间为宜。据此，依照我国法律的规定，法院做出如下判决：一、甲与乙共同在甲自建的新房子居住；二、在甲生活能自理期间，单独开伙，乙应保障原告的日常用水、用电。甲的门诊、住院费用由乙承担。甲生活不能自理后，其生养死葬由乙负责。

【法条链接】

《中华人民共和国民法典》节选

第一千零六十七条 父母不履行抚养义务的，未成年子女或不能独立生活的成年子女，有要求父母给付抚养费的权利。

成年子女不履行赡养义务的，缺乏劳动能力或生活困难的父母，有要求成年子女给付赡养费的权利。

第六节　继　承

【案例导入】

甲（男）的亲生父母先后生育甲、乙（女）、丙（女）、丁（女）、戊（男）。该户村中有祖遗房一院。1976 年甲、乙与父母共同在新地基建房西楼间四间、西厨房两间。其间，甲与生母在家，通过填地、互换秧田方式扩大了新地基，形成在新地基西部建房、东部为园地的现状，另外甲在新地基南面有一块换得的园地。1977 年前后，甲结婚，婚后与父母分锅另食，由甲居住祖遗房产，父母等人居住新地基房屋。在此前后，甲的三姐妹先后出嫁。1993 年，甲的生母去世。1994 年，己（女）与甲父再婚，此后在新地基共同建设了南平房三间、北平房三间，东北部建了大门及简易房三间。2011 年，甲父写下遗嘱，提出由甲居住旧地基，戊居住新地基，由戊赡养己，但未将遗嘱交给甲。2013 年，甲和戊因土地补偿款发生争议，经村委会调解达成协议，协议明确了土地补偿款的分配，同时戊表示今后和甲对新旧房屋各分一半。2015 年 1 月，甲父去世。此后，己与甲、戊为新地基及房产发生纠纷，并起诉至法院。

【知识学习】

一、继承基本法律制度

继承，是自然人死亡之后，其遗留的个人合法财产依照法律的直接规定或有效遗嘱，无偿转移给其近亲属所有的法律行为。继承从被继承人死亡时开始。

（一）可以继承的遗产

遗产，是指公民死亡时遗留的个人合法财产和其他合法权益。可以继承的遗产包括：①公民的合法收入；②公民的房屋、储蓄和生活用品；③公民的林木、牲畜和家禽；④公民的文物、图书资料；⑤法律允许公民所有的生产资料；⑥公民的著作权、专利权中的财产权利；⑦公民的其他合法财产（如有价证券和履行标的为财物的债权等）。在农村还有家庭土地承包经营权的继承，和自留地、自留山收益的继承。

（二）继承的方式

1. 法定继承，是指按照法律直接规定的继承人范围、继承顺序和遗产分配

原则等进行财产继承。法定继承是一个强制性规范，除被继承人生前依法以遗嘱的方式改变外，其他任何人均无法改变。

2. 遗嘱继承，又称指定继承，是指被继承人生前通过立遗嘱的形式确定继承人及其个人财产在其死亡后的分配方案。立遗嘱人可以指定遗嘱执行人。

（三）继承中的特殊情形

1. 代位继承，又称间接继承，是指在法定继承中，被继承人的子女先于被继承人死亡的，被继承人的子女的晚辈直系血亲代替其父母的继承顺序继承被继承人的遗产。代位继承只适用于法定继承的第一顺序中先于被继承人死亡的子女。

2. 转继承，又称再继承、连续继承，是指继承人在继承开始后、遗产分割前死亡，其应继承的遗产转由他的合法继承人来继承。实际接受遗产的人被称为转继承人，已死亡的继承人被称为被转继承人。转继承适用于法定继承、遗嘱继承和遗赠。

（四）遗产的其他处理方式

1. 遗赠，是指公民通过设立遗嘱，将其个人所拥有的财产的一部分或者全部，待其死亡后无偿赠送给国家、集体组织、社会团体或者法定继承人以外的人的行为。

2. 遗赠扶养协议，是指受扶养人（遗赠人）与扶养人签订的关于扶养人承担受扶养人生养死葬的义务，受扶养人将自己的财产于死后赠与扶养人的协议。扶养人可以是公民也可以是集体经济组织。遗赠抚养协议的法律效力高于法定继承、遗嘱继承及遗赠。

二、农村继承纠纷的处理

1. 先析产后继承，要注意先把被继承人的遗产与他生前与他人共有的财产区分开来，把被继承人个人所有的财产从家庭共同财产中分离出来，把被继承人生前个人合法所有的财产同他代管、经营、租赁的财产区别开来。

2. 继承人放弃继承权的，必须满足以下条件：①继承人具备民事行为能力；②是继承人本人做出放弃的表示；③放弃继承权须在特定时间做出；④不得损害他人利益，比如放弃继承权致使其不能履行法定的抚养、扶养、赡养义务，或其他债务的，放弃无效；⑤放弃继承权须以法定方式做出。继承人放弃继承后反悔的，须在遗产处理前提出。

3. 在法定继承中，确定继承人的范围和顺序时，把应当取得遗产的继承人和依法应当得到适当遗产的非继承人都计算进来，把无继承权的亲戚、丧失继承权和抛弃继承权的继承人都排除掉。其中，应特别注意丧偶儿媳、女婿对公婆、岳父母的遗产有无继承权，改嫁寡妇的继承权、胎儿的继承权、出嫁女儿的继承权，以及代位继承人和转继承人的继承权。

4. 法定继承中继承人继承遗产的份额一般应当均等，但对生活有特殊困难的缺乏劳动能力的继承人，分配遗产时，应当予以照顾；对被继承人尽了主要扶养义务或者与被继承人共同生活的继承人，在分配遗产时，可以多分；有扶养能力和有扶养条件的继承人，不尽扶养义务的，分配遗产时，应当不分或者少分；继承人协商同意不均分的可以不均等。

值得注意的是，在农村的传统观念中，出嫁的女儿要履行对父母的赡养义务，但却不参与继承或继承遗产的份额少于儿子，这和我国的继承相关法律规定是相悖的。根据我国法律的规定，妇女与男子享有平等的继承权，但继承权可以放弃。

【案例解析】

本案中，甲的生父母取得新地基并与甲及其大姐乙共同参加建设新地基西房，故新地基西房属四人共有。甲的生母去世后，对其遗产，甲兄弟姐妹五人及其父亲共六人均有继承权。甲父和己对共同建设的南、北平房属于共有。被告父亲所写遗嘱，一是处分了全部财产，侵害了其他共有人的财产权利，是不合法的；二是该遗嘱作为分家意见，又无其他家庭成员签字确认，故该遗嘱无效，自始没有法律效力。甲、戊于 2013 年协议时提出各分一半房产，该内容侵害了原告等其他家庭成员的财产权利，是不合法的，也是无效的。甲父去世后，其子女与己均有继承权。现该户家庭成员共有共建房屋，甲的三姐妹放弃财产分割权利，因此，甲、戊、己三人共有新建房屋和旧地基房屋，均可以继承甲父的财产份额，甲、戊可以继承其母亲的财产份额，故在分割共有财产时甲、戊可以多分。根据甲长期居住旧地基房屋、新地基以南有一块地的实际，由甲享有旧地基房屋，新地基的园地东部留两米作为甲出入道路使用；由戊享有新地基的西楼房及西厨房、新地基以东园地，己享有南平房三间及北平房三间，大门、天井共用。

【法条链接】

《中华人民共和国民法典》节选

第一千零六十一条　夫妻有相互继承遗产的权利。

第一千一百二十二条　遗产是自然人死亡时遗留的个人合法财产。

依照法律规定或者根据其性质不得继承的遗产，不得继承。

第一千一百二十三条　继承开始后，按照法定继承办理；有遗嘱的，按照遗嘱继承或者遗赠办理；有遗赠扶养协议的，按照协议办理。

第一千一百二十五条　继承人有下列行为之一的，丧失继承权：

（一）故意杀害被继承人；

（二）为争夺遗产而杀害其他继承人；

（三）遗弃被继承人的，或者虐待被继承人情节严重；

（四）伪造、篡改、隐匿或者销毁遗嘱，情节严重；

（五）以欺诈、胁迫手段迫使或者妨碍被继承人设立、变更或者撤回遗嘱，情节严重；

继承人有前款第三项至第五项行为，确有悔改表现，被继承人表示宽恕或者事后在遗嘱中将其列为继承人的，该继承人不丧失继承权。

受遗赠人有本条第一款规定行为的，丧失受遗赠权。

第一千一百二十六条　继承权男女平等。

第一千一百二十七条　遗产按照下列顺序继承：

（一）第一顺序：配偶、子女、父母；

（二）第二顺序：兄弟姐妹、祖父母、外祖父母。

继承开始后，由第一顺序继承人继承，第二顺序继承人不继承。没有第一顺序继承人继承的，由第二顺序继承人继承。

本编所称子女，包括婚生子女、非婚生子女、养子女和有扶养关系的继子女。

本编所称父母，包括生父母、养父母和有扶养关系的继父母。

本编所称兄弟姐妹，包括同父母的兄弟姐妹、同父异母或者同母异父的兄弟姐妹、养兄弟姐妹、有扶养关系的继兄弟姐妹。

第三章 农村常见经济纠纷

第一节 农村种植业经营纠纷

【案例导入】

甲农资店和乙化肥经营店系合作关系。2018 年 3 月 29 日,甲和乙共同与丙签订了柑橘黄化治疗协议书一份。双方在协议中约定"甲和乙以有偿服务的模式每亩以人民币 8000.00 元的价格给丙提供为期一年的防黄化土壤修复配方肥及用肥技术指导,协议约定治疗丙种植的柑橘黄化病的面积为 5 亩。"协议第二、三条明确约定"乙方在为期一年的生产管理中必须听从甲和乙的技术人员的指导进行田间管理,如有不听从用肥及病株挂果承受率建议的,甲和乙有权终止协议,并向丙收取费用每亩人民币 8000.00 元;丙不得在柑橘田块里使用除草剂和其他化学肥料,如有使用,一经发现,本协议终止并向甲方支付每亩人民币 8000.00 元"等内容。协议签订后双方开始履行协议,履行协议不久后,2018 年 7 月,双方就因为对果树治病效果产生分歧导致协议不能正常履行。2018 年 11 月,甲和乙起诉至 A 县人民法院要求丙承担违约责任,丙也随之反诉要求甲和乙承担损失。

国家依法保障农民农业生产经营的合法权益。农民在种植各种农作物的过程中产生的各种经济纠纷,要依法予以解决,从而实现农村农民的和谐、农业生产的稳定发展。

【知识学习】

一、种植业经营基本法律制度

（一）种子生产经营法律制度

种子，是指农作物和林木的种植材料或者系列材料，包括籽粒、果实和根、茎、苗、芽、叶等。

1. 种子经营许可证制度。获得种子生产经营许可证的条件：①基本设施。具有办公场所、检验室、加工厂房和仓库的使用面积达到《农作物种子生产经营许可管理办法》的相关要求。②检验仪器。具有净度分析台、电子秤、样品粉碎机、烘箱、生物显微镜、电子天平、扦样器、分样器、发芽箱等检验仪器等满足种子质量常规检测需要。③加工设备。具有与其规模相适应的种子加工、包装等设备；成套设备总加工相应种子的能力达到管理办法的要求。④人员。具有一定数量的种子生产、加工、贮藏和检验专业技术人员。⑤品种。生产经营的品种应当通过审定，并具有一定数量的与申请作物类别相应的审定品种。⑥生产环境。生产地点无检疫性有害生物，并具有种子生产的隔离和培育条件；⑦农业部规定的其他条件。

种子生产经营许可证实行分级审核、核发。①从事主要农作物常规种子生产经营及非主要农作物种子经营的，其种子生产经营许可证由企业所在地县级以上地方农业主管部门核发；②从事主要农作物杂交种子及其亲本种子生产经营以及实行选育生产经营相结合、有效区域为全国的种子企业，其种子生产经营许可证由企业所在地县级农业主管部门审核，省、自治区、直辖市农业主管部门核发；③从事农作物种子进出口业务的，其种子生产经营许可证由企业所在地省、自治区、直辖市农业主管部门审核，农业部核发。

有下列情形之一的，不需要办理种子生产经营许可证：①农民个人自繁自用常规种子有剩余，在当地集贸市场上出售、交换的；②在种子生产经营许可证载明的有效区域设立分支机构的；③专门经营不再分装的包装种子的；④受具有种子生产经营许可证的企业书面委托生产、代销其种子的。

2. 种子经营者的责任。经营者销售的种子应当加工、分级、包装，不能加工、包装的除外。大包装或者进口种子可以分装；实行分装的，应当标注分装单位，并对种子质量负责。销售的种子应当符合国家或者行业标准，附有标签和使用说明。标签和使用说明标注的内容应当与销售的种子相符。种子生产经营者对标注内容的真实性和种子质量负责。

标签应当标注种子类别、品种名称、品种审定或者登记编号、品种适宜种植区域及季节、生产经营者及注册地、质量指标、检疫证明编号、种子生产经营许可证编号和信息代码，以及国务院农业、林业主管部门规定的其他事项。销售授权品种种子的，应当标注品种权号。销售进口种子的，应当附有进口审批文号和中文标签。销售转基因植物品种种子的，必须用明显的文字标注，并应当提示使用时的安全控制措施。

种子生产经营者应当遵守有关法律、法规的规定，诚实守信，向种子使用者提供种子生产者信息和种子的主要性状、主要栽培措施、适应性等使用条件的说明、风险提示与有关咨询服务，不得作虚假或者引人误解的宣传。

禁止生产经营假、劣种子。下列种子为假种子：①以非种子冒充种子或者以此种品种种子冒充其他品种种子的；②种子种类、品种与标签标注的内容不符或者没有标签的。下列种子为劣种子：①质量低于国家规定标准的；②质量低于标签标注指标的；③带有国家规定的检疫性有害生物的。

种子使用者因种子质量问题或者因种子的标签和使用说明标注的内容不真实，遭受损失的，种子使用者可以向出售种子的经营者要求赔偿，也可以向种子生产者或者其他经营者要求赔偿。赔偿额包括购种价款、可得利益损失和其他损失。属于种子生产者或者其他经营者责任的，出售种子的经营者赔偿后，有权向种子生产者或者其他经营者追偿；属于出售种子的经营者责任的，种子生产者或者其他经营者赔偿后，有权向出售种子的经营者追偿。

（二）农药经营法律制度

农药，是指用于预防、控制危害农业、林业的病、虫、草、鼠和其他有害生物以及有目的地调节植物、昆虫生长的化学合成或者来源于生物、其他天然物质的一种物质或者几种物质的混合物及其制剂。

1. 农药生产许可制度。农药生产企业应当具备下列条件，并按照国务院农业主管部门的规定向省、自治区、直辖市人民政府农业主管部门申请农药生产许可证：①有与所申请生产农药相适应的技术人员；②有与所申请生产农药相适应的厂房、设施；③有对所申请生产农药进行质量管理和质量检验的人员、仪器和设备；④有保证所申请生产农药质量的规章制度。安全生产、环境保护等法律、行政法规对企业生产条件有其他规定的，农药生产企业还应当遵守其规定。

2. 农药经营许可制度。农药经营者应当具备下列条件，并按照国务院农业主管部门的规定向县级以上地方人民政府农业主管部门申请农药经营许可证：①有具备农药和病虫害防治专业知识，熟悉农药管理规定，能够指导安全合理使用农药的经营人员；②有与其他商品以及饮用水水源、生活区域等有效隔离的营业场所和仓储场所，并配备与所申请经营农药相适应的防护设施；③有与

所申请经营农药相适应的质量管理、台账记录、安全防护、应急处置、仓储管理等制度。经营限制使用农药的，还应当配备相应的用药指导和病虫害防治专业技术人员，并按照所在省、自治区、直辖市人民政府农业主管部门的规定实行定点经营。

3. 农药使用的基本要求。农药使用者应当遵守国家有关农药安全、合理使用制度，妥善保管农药，并在配药、用药过程中采取必要的防护措施，避免发生农药使用事故。限制使用农药的经营者应当为农药使用者提供用药指导，并逐步提供统一用药服务。

农药使用者应当严格按照农药的标签标注的使用范围、使用方法和剂量、使用技术要求和注意事项使用农药，不得扩大使用范围、加大用药剂量或者改变使用方法。农药使用者不得使用禁用的农药。标签标注安全间隔期的农药，在农产品收获前应当按照安全间隔期的要求停止使用。剧毒、高毒农药不得用于防治卫生害虫，不得用于蔬菜、瓜果、茶叶、菌类、中草药材的生产，不得用于水生植物的病虫害防治。

农药使用者应当保护环境，保护有益生物和珍稀物种，不得在饮用水水源保护区、河道内丢弃农药、农药包装物或者清洗施药器械。严禁在饮用水水源保护区内使用农药，严禁使用农药毒鱼、虾、鸟、兽等。

国家鼓励农药使用者妥善收集农药包装物等废弃物；农药生产企业、农药经营者应当回收农药废弃物，防止农药污染环境和农药中毒事故的发生。具体办法由国务院环境保护主管部门会同国务院农业主管部门、国务院财政部门等部门制定。发生农药使用事故，农药使用者、农药生产企业、农药经营者和其他有关人员应当及时报告当地农业主管部门。

二、农产品质量安全法律制度

农产品，是指来源于农业的初级产品，即在农业活动中获得的植物、动物、微生物及其产品。农产品质量安全，是指农产品质量符合保障人的健康、安全的要求。

1. 农产品质量安全标准：国家建立健全农产品质量安全标准体系。农产品质量安全标准是强制性的技术规范。制定农产品质量安全标准应当充分考虑农产品质量安全风险评估结果，并听取农产品生产者、销售者和消费者的意见，保障消费安全。农产品质量安全标准应当根据科学技术发展水平以及农产品质量安全的需要，及时修订。农产品质量安全标准由农业行政主管部门商有关部门组织实施。

2. 不得销售的农产品：①含有国家禁止使用的农药、兽药或者其他化学物质的；②农药、兽药等化学物质残留或者含有的重金属等有毒有害物质不符合农产品质量安全标准的；③含有的致病性寄生虫、微生物或者生物毒素不符合农产品质量安全标准的；④使用的保鲜剂、防腐剂、添加剂等材料不符合国家有关强制性的技术规范的；⑤其他不符合农产品质量安全标准的。

3. **法律责任**：违反法律、法规规定，向农产品产地排放或者倾倒废水、废气、固体废物或者其他有毒有害物质的，依照有关环境保护法律、法规的规定处罚；造成损害的，依法承担赔偿责任。使用农业投入品违反法律、行政法规和国务院农业行政主管部门的规定的，依照有关法律、行政法规的规定处罚。农产品生产企业、农民专业合作经济组织未建立或者未按照规定保存农产品生产记录的，或者伪造农产品生产记录的，责令限期改正；逾期不改正的，可以处二千元以下罚款。违反法律规定，销售的农产品未按照规定进行包装、标识的，责令限期改正；逾期不改正的，可以处二千元以下罚款。使用的保鲜剂、防腐剂、添加剂等材料不符合国家有关强制性的技术规范的，责令停止销售，对被污染的农产品进行无害化处理，对不能进行无害化处理的予以监督销毁；没收违法所得，并处二千元以上二万元以下罚款。

违反《中华人民共和国农产品质量安全法》（以下简称"农产品质量安全法"）规定，构成犯罪的，依法追究刑事责任。

生产、销售农产品质量安全法禁止销售的农产品，给消费者造成损害的，依法承担赔偿责任。农产品批发市场中销售的农产品有上述情况的，消费者可以向农产品批发市场要求赔偿；属于生产者、销售者责任的，农产品批发市场有权追偿。消费者也可以直接向农产品生产者、销售者要求赔偿。

【案例解析】

上述案例中，甲和乙与丙签订了柑橘黄化治疗协议书一份，是真实意思表示，且合同不违反法律、行政法规禁止性规定，该合同合法有效，双方本应按照合同约定履行，但本案双方协议约定技术指导和用肥等内容过于简单且操作性不强，导致双方协议签订不久就产生纠纷，致使合同无法继续履行。甲和乙作为治疗方也没有提交具有治疗果树黄化病资质的证明。庭审中双方就争议事实：甲和乙治疗行为对果树是有效果还是产生损害均不申请鉴定。因此甲和乙的诉讼请求法院不予支持。丙就损失反诉也未能提供相关证据证实，提供的光碟和照片也不能确切地证明甲和乙的治疗导致丙产生了损失，对于治疗行为是否给丙造成损失，法院认为还是要通过鉴定，故丙的反诉请求法院也不予支持。

【法条链接】

《中华人民共和国种子法》节选

第一条 为了保护和合理利用种质资源,规范品种选育、种子生产经营和管理行为,保护植物新品种权,维护种子生产经营者、使用者的合法权益,提高种子质量,推动种子产业化,发展现代种业,保障国家粮食安全,促进农业和林业的发展,制定本法。

第三十一条 从事种子进出口业务的种子生产经营许可证,由省、自治区、直辖市人民政府农业、林业主管部门审核,国务院农业、林业主管部门核发。

第三十二条 申请取得种子生产经营许可证的,应当具有与种子生产经营相适应的生产经营设施、设备及专业技术人员,以及法规和国务院农业、林业主管部门规定的其他条件。

从事种子生产的,还应当同时具有繁殖种子的隔离和培育条件,具有无检疫性有害生物的种子生产地点或者县级以上人民政府林业主管部门确定的采种林。

申请领取具有植物新品种权的种子生产经营许可证的,应当征得植物新品种权所有人的书面同意。

第七十五条 违反本法第四十九条规定,生产经营假种子的,由县级以上人民政府农业、林业主管部门责令停止生产经营,没收违法所得和种子,吊销种子生产经营许可证;违法生产经营的货值金额不足一万元的,并处一万元以上十万元以下罚款;货值金额一万元以上的,并处货值金额十倍以上二十倍以下罚款。

因生产经营假种子犯罪被判处有期徒刑以上刑罚的,种子企业或者其他单位的法定代表人、直接负责的主管人员自刑罚执行完毕之日起五年内不得担任种子企业的法定代表人、高级管理人员。

《农药管理条例(2017年修订)》节选

第五条 农药生产企业、农药经营者应当对其生产、经营的农药的安全性、有效性负责,自觉接受政府监管和社会监督。

农药生产企业、农药经营者应当加强行业自律,规范生产、经营行为。

第七条　国家实行农药登记制度。农药生产企业、向中国出口农药的企业应当依照本条例的规定申请农药登记，新农药研制者可以依照本条例的规定申请农药登记。

国务院农业主管部门所属的负责农药检定工作的机构负责农药登记具体工作。省、自治区、直辖市人民政府农业主管部门所属的负责农药检定工作的机构协助做好本行政区域的农药登记具体工作。

第十七条　国家实行农药生产许可制度。农药生产企业应当具备下列条件，并按照国务院农业主管部门的规定向省、自治区、直辖市人民政府农业主管部门申请农药生产许可证：

（一）有与所申请生产农药相适应的技术人员；

（二）有与所申请生产农药相适应的厂房、设施；

（三）有对所申请生产农药进行质量管理和质量检验的人员、仪器和设备；

（四）有保证所申请生产农药质量的规章制度。

省、自治区、直辖市人民政府农业主管部门应当自受理申请之日起20个工作日内作出审批决定，必要时应当进行实地核查。符合条件的，核发农药生产许可证；不符合条件的，书面通知申请人并说明理由。

安全生产、环境保护等法律、行政法规对企业生产条件有其他规定的，农药生产企业还应当遵守其规定。

第二十四条　国家实行农药经营许可制度，但经营卫生用农药的除外。农药经营者应当具备下列条件，并按照国务院农业主管部门的规定向县级以上地方人民政府农业主管部门申请农药经营许可证：

（一）有具备农药和病虫害防治专业知识，熟悉农药管理规定，能够指导安全合理使用农药的经营人员；

（二）有与其他商品以及饮用水水源、生活区域等有效隔离的营业场所和仓储场所，并配备与所申请经营农药相适应的防护设施；

（三）有与所申请经营农药相适应的质量管理、台账记录、安全防护、应急处置、仓储管理等制度。

经营限制使用农药的，还应当配备相应的用药指导和病虫害防治专业技术人员，并按照所在地省、自治区、直辖市人民政府农业主管部门的规定实行定点经营。

县级以上地方人民政府农业主管部门应当自受理申请之日起20个

工作日内作出审批决定。符合条件的，核发农药经营许可证；不符合条件的，书面通知申请人并说明理由。

《中华人民共和国农产品质量安全法》节选

第二条　本法所称农产品，是指来源于农业的初级产品，即在农业活动中获得的植物、动物、微生物及其产品。

本法所称农产品质量安全，是指农产品质量符合保障人的健康、安全的要求。

第二十一条　对可能影响农产品质量安全的农药、兽药、饲料和饲料添加剂、肥料、兽医器械，依照有关法律、行政法规的规定实行许可制度。

国务院农业行政主管部门和省、自治区、直辖市人民政府农业行政主管部门应当定期对可能危及农产品质量安全的农药、兽药、饲料和饲料添加剂、肥料等农业投入品进行监督抽查，并公布抽查结果。

第二十四条　农产品生产企业和农民专业合作经济组织应当建立农产品生产记录，如实记载下列事项：

（一）使用农业投入品的名称、来源、用法、用量和使用、停用的日期；

（二）动物疫病、植物病虫草害的发生和防治情况；

（三）收获、屠宰或者捕捞的日期。

农产品生产记录应当保存二年。禁止伪造农产品生产记录。

国家鼓励其他农产品生产者建立农产品生产记录。

第二节　农村养殖业经营纠纷

【案例导入】

2017 年 8 月 21 日，甲公司与农民乙签订一份肉猪委托养殖合同，合同主要内容为：甲公司以记账的方式给乙提供猪苗、饲料、药物、疫苗等，负责技术指导、商品猪的管控和销售；乙负责饲养并对甲公司提供的物料及生猪进行管理，物料及生猪属于甲公司所有；甲公司提供给乙猪苗 700 头、生猪重量达到 110 公斤，甲公司回收销售。合同签订后，乙对其经营的养殖场的猪舍进行了改造。甲公司向乙投放了 700 头猪苗，拉运过程中丢失 16 头，实际交付乙 684 头猪苗，并按合同约定给乙提供饲料、兽药等物品。在提供第三部 820 饲料时，甲公司错误地提供了 830 饲料，导致乙饲养的生猪患了腹泻、咳嗽等疾病，甲公司虽派出技术员到乙家进行医治，但治疗效果不好，导致生猪死亡 70 头，尚存 614 头。生猪达到出栏标准时，甲公司依约收回 388 头。因乙要求甲公司结算支付给乙报酬，在结算过程中甲公司表示按合同约定结算后每头猪补偿乙 125 元代养费，乙认为补偿太少，不同意按此结算，故不同意甲公司回收其余的 226 头。双方发生纠纷，于是甲公司起诉到 A 县人民法院，同时申请 A 县人民法院对未收回的 226 头生猪进行财产保全，法院依法采取保全措施，变卖了未收回的 226 头猪，价款为 356199.8 元。

【知识学习】

畜禽，是指列入《畜禽遗传资源目录》的畜禽。

一、种畜禽生产

根据《种畜禽管理条例》和《中华人民共和国畜牧法》的规定，种畜禽是指种用的家畜家禽，包括家养的猪、牛、羊、马、驴、驼、兔、犬、鸡、鸭、鹅、鸽、鹌鹑等及其卵、精液、胚胎等遗传材料。

从事种畜禽生产经营或者生产商品代仔畜、雏禽的单位、个人，应当取得种畜禽生产经营许可证。申请取得种畜禽生产经营许可证，应当具备下列条件：①生产经营的种畜禽必须是通过国家畜禽遗传资源委员会审定或者鉴定的品种、配套系，或者是经批准引进的境外品种、配套系；②有与生产经营规模相适应的畜牧兽医技术人员；③有与生产经营规模相适应的繁育设施设备；④具备法律、行政法规和国务院畜牧兽医行政土管部门规定的种畜禽防疫条件；⑤有完善的质量管理和育种记录制度；⑥具备法律、行政法规规定的其他条件。

二、畜禽养殖

根据《中华人民共和国畜牧法》的规定畜禽养殖场应当建立养殖档案，载明以下内容：①畜禽的品种、数量、繁殖记录、标识情况、来源和进出场日期；②饲料、饲料添加剂、兽药等投入品的来源、名称、使用对象、时间和用量；③检疫、免疫、消毒情况；④畜禽发病、死亡和无害化处理情况；⑤国务院畜牧兽医行政主管部门规定的其他内容。

畜禽养殖场应当为其饲养的畜禽提供适当的繁殖条件和生存、生长环境。

不得有下列行为：①违反法律、行政法规的规定和国家技术规范的强制性要求使用饲料、饲料添加剂、兽药；②使用未经高温处理的餐馆、食堂的泔水饲喂家畜；③在垃圾场或者使用垃圾场中的物质饲养畜禽；④法律、行政法规和国务院畜牧兽医行政主管部门规定的危害人和畜禽健康的其他行为。

畜禽养殖场、养殖小区应当保证畜禽粪便、废水及其他固体废弃物综合利用或者无害化处理设施的正常运转，保证污染物达标排放，防止污染环境。畜禽养殖场、养殖小区违法排放畜禽粪便、废水及其他固体废弃物，造成环境污染危害的，应当排除危害，依法赔偿损失。国家支持畜禽养殖场、养殖小区建设畜禽粪便、废水及其他固体废弃物的综合利用设施。

三、动物疫病的预防

根据《中华人民共和国动物防疫法》的规定国家对严重危害养殖业生产和人体健康的动物疫病实施强制免疫。饲养动物的单位和个人应当依法履行动物疫病强制免疫义务，按照兽医主管部门的要求做好强制免疫工作。经强制免疫的动物，应当按照国务院兽医主管部门的规定建立免疫档案，加施畜禽标识，实施可追溯管理。动物疫病预防控制机构应当按照国务院兽医主管部门的规定，对动物疫病的发生、流行等情况进行监测；从事动物饲养、屠宰、经营、隔离、运输以及动物产品生产、经营、加工、贮藏等活动的单位和个人不得拒绝或者阻碍。

从事动物饲养、屠宰、经营、隔离、运输以及动物产品生产、经营、加工、贮藏等活动的单位和个人，应当依法做好免疫、消毒等动物疫病预防工作。动物饲养场（养殖小区）和隔离场所、动物屠宰加工场所，以及动物和动物产品无害化处理场所，应当符合下列动物防疫条件：①场所的位置与居民生活区、生活饮用水源地、学校、医院等公共场所的距离符合国务院兽医主管部门规定的标准；②生产区封闭隔离，工程设计和工艺流程符合动物防疫要求；③有相应的污水、污物、病死动物、染疫动物产品的无害化处理设施设备和清洗消毒设施设备；④有为其服务的动物防疫技术人员；⑤有完善的动物防疫制度；⑥具备国务院兽医主管部门规定的其他动物防疫条件。

兴办动物饲养场（养殖小区）和隔离场所、动物屠宰加工场所，以及动物和动物产品无害化处理场所，应当向县级以上地方人民政府兽医主管部门提出申请，并附具相关材料。受理申请的兽医主管部门应当依法进行审查。经审查合格的，发给动物防疫条件合格证；不合格的，应当通知申请人并说明理由。

动物、动物产品的运载工具、垫料、包装物、容器等应当符合国务院兽医主管部门规定的动物防疫要求。染疫动物及其排泄物、染疫动物产品，病死或者死因不明的动物尸体，运载工具中的动物排泄物以及垫料、包装物、容器等污染物，应当按照国务院兽医主管部门的规定处理，不得随意处置。

国家对动物疫病实行区域化管理，逐步建立无规定动物疫病区。无规定动物疫病区应当符合国务院兽医主管部门规定的标准，经国务院兽医主管部门验收合格予以公布。

禁止屠宰、经营、运输下列动物和生产、经营、加工、贮藏、运输下列动物产品：①封锁疫区内与所发生动物疫病有关的；②疫区内易感染的；③依法应当检疫而未经检疫或者检疫不合格的；④染疫或者疑似染疫的；⑤病死或者死因不明的；⑥其他不符合国务院兽医主管部门有关动物防疫规定的。

四、动物疫病的控制和扑灭

根据《中华人民共和国动物防疫法》的规定，发生各类动物疫病时，当地县级以上地方人民政府兽医主管部门应当采取立即派人到现场、划定疫点、疫区、受威胁区，调查疫源，及时报请本级人民政府对疫区实行封锁等措施。疫区内有关单位和个人，应当遵守县级以上人民政府及其兽医主管部门依法作出的有关控制、扑灭动物疫病的规定。任何单位和个人不得藏匿、转移、盗掘已被依法隔离、封存、处理的动物和动物产品。

国家鼓励和支持对染疫畜禽、病死或者死因不明畜禽尸体进行集中无害化处理，并按照国家有关规定对处理费用、养殖损失给予适当补助。

【案例解析】

甲公司和乙的法律关系属于委托饲养肉猪法律关系，甲公司是委托人，乙是受委托人。双方签订的肉猪委托养殖合同，系双方的真实意思表示，内容不违反法律强制性规定，为有效合同，双方当事人均应遵守，按合同约定履行各自义务。在本案中，虽然甲公司提供给乙的猪苗数量未达到合同约定的数量，但领取猪苗时乙未明确提出异议，应视为认可该数量。乙接收生猪后，在饲养过程中由于生猪患病导致大量生猪死亡。对此造成的损失，乙有预防上疏忽的过失，甲公司有错误提供饲料、对被告养殖指导不力、治疗不及时的责任，双方均有过错，应由双方共同承担由此造成的损失。此外，双方合同签订后，生猪和肉猪市场价格下跌幅度较大，应作为处理本案时考虑的重要因素，同时还应兼顾被告为履行合同进行猪圈改造投入了一定的人力和物力，由于生猪死亡和市场价格下跌，无法回收投入成本等因素。

本案可按甲公司向乙回收肉猪时的口头承诺进行结算：双方按合同约定结算后，由甲公司按乙实际饲养数量，每头猪补偿乙 125 元，按甲公司的此口头

承诺结算方案处理本案较为公平、合理，即按双方合同及结算方案，乙应得款3112.66元，甲公司再按每头猪125元代养费补偿乙实际饲养的684头生猪的代养费，共计85500元，两项合计88612.66元。根据合同，采取保全措施变卖的生猪价款356199.8元应属于甲公司，由甲公司从此款中支付乙88612.66元，其余267587.14元归甲公司。

【法条链接】

《畜禽规模养殖污染防治条例》节选

第十二条　新建、改建、扩建畜禽养殖场、养殖小区，应当符合畜牧业发展规划、畜禽养殖污染防治规划，满足动物防疫条件，并进行环境影响评价。对环境可能造成重大影响的大型畜禽养殖场、养殖小区，应当编制环境影响报告书；其他畜禽养殖场、养殖小区应当填报环境影响登记表。大型畜禽养殖场、养殖小区的管理目录，由国务院环境保护主管部门商国务院农牧主管部门确定。

环境影响评价的重点应当包括：畜禽养殖产生的废弃物种类和数量，废弃物综合利用和无害化处理方案和措施，废弃物的消纳和处理情况以及向环境直接排放的情况，最终可能对水体、土壤等环境和人体健康产生的影响以及控制和减少影响的方案和措施等。

《中华人民共和国畜牧法（2015年修正)》节选

第三十九条　畜禽养殖场、养殖小区应当具备下列条件：

（一）有与其饲养规模相适应的生产场所和配套的生产设施；

（二）有为其服务的畜牧兽医技术人员；

（三）具备法律、行政法规和国务院畜牧兽医行政主管部门规定的防疫条件；

（四）有对畜禽粪便、废水和其他固体废弃物进行综合利用的沼气池等设施或者其他无害化处理设施；

（五）具备法律、行政法规规定的其他条件。

第三节　农民专业合作社

【案例导入】

A县财政局农业财务股与县政府扶贫开发办公室项目股共同负责组织实施县产业扶贫项目。在实施2012年、2013年度以张某为法人代表的A县××肉鸡养殖农民专业合作社申报的土杂鸡产业扶贫项目的过程中，担任县财政局农业财务股股长的李某，未严格遵守有关规定，对扶贫资金的拨付审核把关不严，后对项目资金的管理使用未进行全过程监督、检查；在参与项目验收时，工作严重不负责任，发现合作社饲养的肉鸡与项目合同内容规定的生态土鸡不符时，仍予以签字验收，导致国家扶贫专项资金被骗，造成国家财政专项扶贫资金损失100万元。2016年6月28日，A县人民检察院指控李某犯玩忽职守罪，向A县人民法院提起公诉。

【知识学习】

一、农民专业合作社的概念和法律地位

农民专业合作社，是指在农村家庭承包经营基础上，农产品的生产经营者或者农业生产经营服务的提供者、利用者，自愿联合、民主管理的互助性经济组织。农民专业合作社在性质上属于企业法人，对由成员出资、公积金、国家财政直接补助、他人捐赠以及合法取得的其他资产所形成的财产，享有占有、使用和处分的权利，并以上述财产对债务承担责任。农民专业合作社成员以其账户内记载的出资额和公积金份额为限，对农民专业合作社承担责任。国家保障农民专业合作社享有与其他市场主体平等的法律地位。国家保护农民专业合作社及其成员的合法权益，任何单位和个人不得侵犯。

国家通过财政支持、税收优惠和金融、科技、人才的扶持以及产业政策引导等措施，促进农民专业合作社的发展。国家鼓励和支持公民、法人和其他组织为农民专业合作社提供帮助和服务。对发展农民专业合作社事业做出突出贡献的单位和个人，按照国家有关规定予以表彰和奖励。

二、农民专业合作社的设立和登记

设立农民专业合作社，应当具备下列条件：①有五名以上符合法律规定的

成员；②有符合法律规定的章程；③有符合法律规定的组织机构；④有符合法律、行政法规规定的名称和章程确定的住所；⑤有符合章程规定的成员出资。农民专业合作社成员可以用货币出资，也可以用实物、知识产权、土地经营权、林权等可以用货币估价并可以依法转让的非货币财产，以及章程规定的其他方式作价出资；但是，法律、行政法规规定不得作为出资的财产除外。

设立农民专业合作社，应当召开由全体设立人参加的设立大会。设立时自愿成为该社成员的人为设立人。设立大会行使下列职权：①通过本社章程，章程应当由全体设立人一致通过；②选举产生理事长、理事、执行监事或者监事会成员；③审议其他重大事项。

农民专业合作社章程应当载明下列事项：①名称和住所；②业务范围；③成员资格及入社、退社和除名；④成员的权利和义务；⑤组织机构及其产生办法、职权、任期、议事规则；⑥成员的出资方式、出资额，成员出资的转让、继承、担保；⑦财务管理和盈余分配、亏损处理；⑧章程修改程序；⑨解散事由和清算办法；⑩公告事项及发布方式；⑪附加表决权的设立、行使方式和行使范围；⑫需要载明的其他事项。

农民专业合作社可以依法向公司等企业投资，以其出资额为限对所投资企业承担责任。

三、农民专业合作社的成员

具有民事行为能力的公民，以及从事与农民专业合作社业务直接有关的生产经营活动的企业、事业单位或者社会组织，能够利用农民专业合作社提供的服务，承认并遵守农民专业合作社章程，履行章程规定的入社手续的，可以成为农民专业合作社的成员。但是，具有管理公共事务职能的单位不得加入农民专业合作社。农民专业合作社应当置备成员名册，并报登记机关。

农民专业合作社的成员中，农民至少应当占成员总数的百分之八十。成员总数二十人以下的，可以有一个企业、事业单位或者社会组织成员；成员总数超过二十人的，企业、事业单位和社会组织成员不得超过成员总数的百分之五。

农民专业合作社成员的权利：①参加成员大会，并享有表决权、选举权和被选举权，按照章程规定对本社实行民主管理；②利用本社提供的服务和生产经营设施；③按照章程规定或者成员大会决议分享盈余；④查阅本社的章程、成员名册、成员大会或者成员代表大会记录、理事会会议决议、监事会会议决议、财务会计报告、会计账簿和财务审计报告；⑤章程规定的其他权利。农民专业合作社成员大会选举和表决，实行一人一票制，成员各享有一票的基本表决权。出资额或者与本社交易量（额）较大的成员按照章程规定，可以享有附加表决权。本社的附加表决权总票数，不得超过本社成员基本表决权总票数的百分之二十。享有附加表决权的成员及其享有的附加表决权数，应当在每次成员大会召开时告知出席会议的全体成员。

农民专业合作社成员的义务：①执行成员大会、成员代表大会和理事会的决议；②按照章程规定向本社出资；③按照章程规定与本社进行交易；④按照章程规定承担亏损；⑤章程规定的其他义务。

入社、退社和除名。符合法律规定的公民、企业、事业单位或者社会组织，要求加入已成立的农民专业合作社，应当向理事长或者理事会提出书面申请，经成员大会或者成员代表大会表决通过后，成为本社成员。农民专业合作社成员要求退社的，应当在会计年度终了的三个月前向理事长或者理事会提出书面申请；其中，企业、事业单位或者社会组织成员退社，应当在会计年度终了的六个月前提出；章程另有规定的，从其规定。退社成员的成员资格自会计年度终了时终止。农民专业合作社成员不遵守农民专业合作社的章程、成员大会或者成员代表大会的决议，或者严重危害其他成员及农民专业合作社利益的，可以予以除名。成员资格终止的，农民专业合作社应当按照章程规定的方式和期限，退还记载在该成员账户内的出资额和公积金份额；对成员资格终止前的可分配盈余，依法向其返还。资格终止的成员应当按照章程规定分摊资格终止前本社的亏损及债务。

四、农民专业合作社的组织机构

农民专业合作社成员大会由全体成员组成，是本社的权力机构，行使下列职权：①修改章程；②选举和罢免理事长、理事、执行监事或者监事会成员；③决定重大财产处置、对外投资、对外担保和生产经营活动中的其他重大事项；④批准年度业务报告、盈余分配方案、亏损处理方案；⑤对合并、分立、解散、清算，以及设立、加入联合社等作出决议；⑥决定聘用经营管理人员和专业技术人员的数量、资格和任期；⑦听取理事长或者理事会关于成员变动情况的报告，对成员的入社、除名等作出决议；⑧公积金的提取及使用；⑨章程规定的其他职权。

农民专业合作社召开成员大会，出席人数应当达到成员总数的三分之二以上。成员大会选举或者作出决议，应当由本社成员表决权总数过半数通过；做出修改章程或者合并、分立、解散，以及设立、加入联合社的决议应当由本社成员表决权总数的三分之二以上通过。章程对表决权数有较高规定的，从其规定。

农民专业合作社成员大会每年至少召开一次，会议的召集由章程规定。有下列情形之一的，应当在二十日内召开临时成员大会：①百分之三十以上的成员提议；②执行监事或者监事会提议；③章程规定的其他情形。

农民专业合作社的理事长、理事和管理人员不得有下列行为：①侵占、挪用或者私分本社资产；②违反章程规定或者未经成员大会同意，将本社资金借贷给他人或者以本社资产为他人提供担保；③接受他人与本社交易的佣金归为己有；④从事损害本社经济利益的其他活动。理事长、理事和管理人员违反前款规定所得的收入，应当归本社所有；给本社造成损失的，应当承担赔偿责任。

五、扶持农民专业合作社的措施

国家支持发展农业和农村经济的建设项目，可以委托和安排有条件的农民专业合作社实施。中央和地方财政应当分别安排资金，支持农民专业合作社开展信息、培训、农产品标准与认证、农业生产基础设施建设、市场营销和技术推广等服务。国家对革命老区、民族地区、边疆地区和贫困地区的农民专业合作社给予优先扶助。县级以上人民政府有关部门应当依法加强对财政补助资金使用情况的监督。

国家政策性金融机构应当采取多种形式，为农民专业合作社提供多渠道的资金支持。具体支持政策由国务院规定。国家鼓励商业性金融机构采取多种形式，为农民专业合作社及其成员提供金融服务。国家鼓励保险机构为农民专业合作社提供多种形式的农业保险服务。鼓励农民专业合作社依法开展互助保险。

农民专业合作社享受国家规定的对农业生产、加工、流通、服务和其他涉农经济活动相应的税收优惠。农民专业合作社从事农产品初加工用电执行农业生产用电价格，农民专业合作社生产性配套辅助设施用地按农用地管理，具体办法由国务院有关部门规定。

【案例解析】

李某作为国家工作人员，其在工作中严重不负责任，未按相关法律、法规认真履行对国家产业扶贫项目的资金管理、监督检查、验收职责，致使国家专项扶贫资金遭受100万元的重大损失，其行为已经构成玩忽职守罪。公诉机关认定事实清楚，证据确实充分，指控罪名成立。量刑时法院考虑到：李某归案后如实供述犯罪事实，可酌情从轻处罚；本案中，国家专项扶贫资金的损失是多种原因造成，直接原因是张某的诈骗犯罪行为，李某工作失职只是其中的一个原因。鉴于国家专项扶贫资金的损失系多因一果造成，李某犯罪情节较轻，能如实供述，无前科劣迹，有悔罪表现，犯罪情节轻微不需要判处刑罚，故对其免予刑事处罚。2016年9月2日，A县人民法院判决：李某犯玩忽职守罪，免予刑事处罚。

【法条链接】

《中华人民共和国农民专业合作社法》节选

第六十九条 侵占、挪用、截留、私分或者以其他方式侵犯农民专业合作社及其成员的合法财产，非法干预农民专业合作社及其成员的生产经营活动，向农民专业合作社及其成员摊派，强迫农民专业合作社及其成员接受有偿服务，造成农民专业合作社经济损失的，依法追究法律责任。

第七十条 农民专业合作社向登记机关提供虚假登记材料或者采取其他欺诈手段取得登记的，由登记机关责令改正，可以处五千元以下罚款；情节严重的，撤销登记或者吊销营业执照。

第七十一条 农民专业合作社连续两年未从事经营活动的，吊销其营业执照。

第七十二条 农民专业合作社在依法向有关主管部门提供的财务报告等材料中，作虚假记载或者隐瞒重要事实的，依法追究法律责任。

第四节 农业生产经营中的合同纠纷

【案例导入】

2006年9月28日，甲与B县农村信用合作联社签订借款合同，该合同约定"甲向B县农村信用合作联社借款人民币53000元，期限为24个月，自2006年9月28日起至2008年9月28日止，借款月利率8.64‰，逾期利率加收50%"。2006年9月28日，B县农村信用合作联社向甲的账户发放贷款人民币53000元。2006年9月28日至2008年9月28日止，按月利率8.64‰计算的利息为人民币10990.08元，2008年9月29日至2018年9月29日止，按月利率12.96‰计算的利息为人民币82425.6元。2013年，被告分两次共支付贷款利息人民币4000元。被告尚欠贷款本金人民币53000元及其利息人民币89415.68元，本息共计人民币142415.68元。甲未按期还款及支付利息，B县农村信用合作联社分别于2017年6月25日、2018年4月11

日向甲催收逾期贷款。但甲一直未还款。2018 年 8 月 22 日，B 县农村信用合作联社向 B 县人民法院提起诉讼，要求解决。

【知识学习】

一、民法典的基本原则

《中华人民共和国民法典》（以下简称"民法典"）规定，合同是民事主体之间设立、变更、终止民事法律关系的协议。婚姻、收养、监护等有关身份关系的协议，适用有关该身份关系的法律规定；没有规定的，可以根据其性质参照适用本编规定。民事合同关系属于民事关系，应遵守民法基本原则。

1. 平等原则：民事主体在民事活动中的法律地位一律平等。

2. 自愿原则：民事主体从事民事活动，应当遵循自愿原则，按照自己的意思设立、变更、终止民事法律关系。

3. 公平原则：民事主体从事民事活动，应当遵循公平原则，合理确定各方的权利和义务。

4. 诚实信用原则：民事主体从事民事活动，应当遵循诚信原则，秉持诚实，恪守承诺。

5. 守法与公序良俗原则：民事主体从事民事活动，不得违反法律，不得违背公序良俗。

6. 绿色原则：民事主体从事民事活动，应当有利于节约资源、保护生态环境。

二、合同的订立

当事人订立合同，应当具有相应的民事权利能力和民事行为能力。订立合同，有书面形式、口头形式和其他形式。法律、行政法规规定采用书面形式的，应当采用书面形式。

当事人订立合同，采取要约、承诺方式。要约是希望和他人订立合同的意思表示，该意思表示应当符合下列规定：①内容具体确定；②表明经受要约人承诺，要约人即受该意思表示约束。要约到达受要约人时生效。承诺是受要约人同意要约的意思表示。承诺应当以通知的方式作出，但根据交易习惯或者要约表明可以通过行为作出承诺的除外。承诺生效时合同成立。

三、合同的效力

合同作为一种民事法律行为，依法按照民事法律行为的效力来认定合同效力。具备下列条件的民事法律行为有效：①行为人具有相应的民事行为能力；②意思表示真实；③不违反法律、行政法规的强制性规定，不违背公序良俗。存在以下情况之一的合同属于无效合同、可撤销合同：

1. 无民事行为能力人实施的民事法律行为的效力：无民事行为能力人实施的民事法律行为无效。

2. 限制民事行为能力人实施的民事法律行为的效力：限制民事行为能力人实施的纯获利益的民事法律行为或者与其年龄、智力、精神健康状况相适应的民事法律行为有效；实施的其他民事法律行为经法定代理人同意或者追认后有效。

相对人可以催告法定代理人自收到通知之日起三十日内予以追认。法定代理人未作表示的，视为拒绝追认。民事法律行为被追认前，善意相对人有撤销的权利。撤销应当以通知的方式作出。

3. 虚假表示与隐藏行为的效力：行为人与相对人以虚假的意思表示实施的民事法律行为无效。

4. 违反强制性规定及违背公序良俗的民事法律行为的效力：违反法律、行政法规的强制性规定的民事法律行为无效。但是，该强制性规定不导致该民事法律行为无效的除外。违背公序良俗的民事法律行为无效。

5. 恶意串通的民事法律行为的效力：行为人与相对人恶意串通，损害他人合法权益的民事法律行为无效。

6. 格式条款是当事人为了重复使用而预先拟定，并在订立合同时未与对方协商的条款。有下列情形之一的，该格式条款无效：①具有上述五种情形之一的格式条款；②合同中存在下列免责条款：造成对方人身损害的；因故意或者重大过失造成对方财产损失的；③提供格式条款一方不合理地免除或者减轻其责任、加重对方责任、限制对方主要权利；④提供格式条款一方排除对方主要权利。

7. 基于重大误解实施的民事法律行为，行为人有权请求人民法院或者仲裁机构予以撤销。

8. 以欺诈手段实施的民事法律行为的效力：一方以欺诈手段，使对方在违背真实意思的情况下实施的民事法律行为，受欺诈方有权请求人民法院或者仲裁机构予以撤销。

9. 受第三人欺诈的民事法律行为的效力：第三人实施欺诈行为，使一方在违背真实意思的情况下实施的民事法律行为，对方知道或者应当知道该欺诈行为的，受欺诈方有权请求人民法院或者仲裁机构予以撤销。

10. 以胁迫手段实施的民事法律行为的效力：一方或者第三人以胁迫手段，

使对方在违背真实意思的情况下实施的民事法律行为，受胁迫方有权请求人民法院或者仲裁机构予以撤销。

11. 显失公平的民事法律行为的效力：一方利用对方处于危困状态、缺乏判断能力等情形，致使民事法律行为成立时显失公平的，受损害方有权请求人民法院或者仲裁机构予以撤销。

撤销权的消灭：有下列情形之一的，撤销权消灭：①当事人自知道或者应当知道撤销事由之日起一年内、重大误解的当事人自知道或者应当知道撤销事由之日起九十日内没有行使撤销权；②当事人受胁迫，自胁迫行为终止之日起一年内没有行使撤销权；③当事人知道撤销事由后明确表示或者以自己的行为表明放弃撤销权。当事人自民事法律行为发生之日起五年内没有行使撤销权的，撤销权消灭。

四、合同的履行

当事人应当按照约定全面履行自己的义务。当事人应当遵循诚实信用原则，根据合同的性质、目的和交易习惯履行通知、协助、保密等义务。当事人在履行合同过程中，应当避免浪费资源、污染环境和破坏生态。合同生效后，当事人就质量、价款或者报酬、履行地点等内容没有约定或者约定不明确的，可以协议补充；不能达成补充协议的，按照合同相关条款或者交易习惯确定。

1. 同时履行抗辩权：当事人互负债务，没有先后履行顺序的，应当同时履行。一方在对方履行之前有权拒绝其履行请求。一方在对方履行债务不符合约定时，有权拒绝其相应的履行请求。

2. 先履行抗辩权：当事人互负债务，有先后履行顺序，应当先履行债务一方未履行的，后履行一方有权拒绝其履行请求。先履行一方履行债务不符合约定的，后履行一方有权拒绝其相应的履行请求。

3. 不安抗辩权：应当先履行债务的当事人，有确切证据证明对方有下列情形之一的，可以中止履行：①经营状况严重恶化；②转移财产、抽逃资金，以逃避债务；③丧失商业信誉；④有丧失或者可能丧失履行债务能力的其他情形。

4. 当事人没有确切证据中止履行的，应当承担违约责任。

五、违约责任

当事人一方明确表示或者以自己的行为表明不履行合同义务的，对方可以在履行期限届满之前要求其承担违约责任。当事人一方未支付价款或者报酬的，对方可以要求其支付价款或者报酬。当事人一方不履行合同义务或者履行合同义务不符合约定的，在履行义务或者采取补救措施后，对方还有其他损失的，应当赔偿损失。

当事人可以约定一方违约时应当根据违约情况向对方支付一定数额的违约金，也可以约定因违约产生的损失赔偿额的计算方法。约定的违约金低于造成的损失的，当事人可以请求人民法院或者仲裁机构予以增加；约定的违约金过分高于造成的损失的，当事人可以请求人民法院或者仲裁机构予以适当减少。当事人就迟延履行约定违约金的，违约方支付违约金后，还应当履行债务。

当事人既约定违约金，又约定定金的，一方违约时，对方可以选择适用违约金或者定金条款。

六、合同的解除

合同约定解除：当事人协商一致，可以解除合同。当事人可以约定一方解除合同的事由。解除合同的事由发生时，解除权人可以解除合同。

合同法定解除：有下列情形之一的，当事人可以解除合同：①因不可抗力致使不能实现合同目的；②在履行期限届满前，当事人一方明确表示或者以自己的行为表明不履行主要债务；③当事人一方迟延履行主要债务，经催告后在合理期限内仍未履行；④当事人一方迟延履行债务或者有其他违约行为致使不能实现合同目的；⑤法律规定的其他情形。

以持续履行的债务为内容的不定期合同，当事人可以随时解除合同，但是应当在合理期限之前通知对方。

【案例解析】

金融借款合同是借款人向金融机构借款，到期返还借款并支付利息的合同。本案中，B县农村信用合作联社与甲于2006年9月28日签订的借款合同，内容不违反国家法律、行政法规的禁止性规定，是双方的真实意思表示，合同合法、有效。2006年9月28日，B县农村信用合作联社按约发放了人民币53000.00元贷款。甲未履行本息偿还义务，已构成违约。B县农村信用合作联社请求甲偿还借款本金人民币53000.00元并按合同约定给付利息，符合法律规定。法院据此判决：甲于十日内偿还原告B县农村信用合作联社借款本金人民币53000.00元及其利息人民币89415.68元，本息共计人民币142415.68元。

【法条链接】

《中华人民共和国民法典》节选

第一条 为了保护民事主体的合法权益，调整民事关系，维护社

会和经济秩序，适应中国特色社会主义发展要求，弘扬社会主义核心价值观，根据宪法，制定本法。

第十九条　八周岁以上的未成年人为限制民事行为能力人，实施民事法律行为由其法定代理人代理或者经其法定代理人同意、追认；但是，可以独立实施纯获利益的民事法律行为或者与其年龄、智力相适应的民事法律行为。

第二十条　不满八周岁的未成年人为无民事行为能力人，由其法定代理人代理实施民事法律行为。

第六百八十条　禁止高利放贷，借款的利率不得违反国家有关规定。

借款合同对支付利息没有约定的，视为没有利息。

借款合同对支付利息约定不明确，当事人不能达成补充协议的，按照当地或者当事人的交易方式、交易习惯、市场利率等因素确定利息；自然人之间借款的，视为没有利息。

《最高人民法院关于审理民间借贷案件适用法律若干问题的规定》节选

第二十五条　借贷双方没有约定利息，出借人主张支付借期内利息的，人民法院不予支持。

自然人之间借贷对利息约定不明，出借人主张支付利息的，人民法院不予支持。除自然人之间借贷的外，借贷双方对借贷利息约定不明，出借人主张利息的，人民法院应当结合民间借贷合同的内容，并根据当地或者当事人的交易方式、交易习惯、市场利率等因素确定利息。

第二十六条　借贷双方约定的利率未超过年利率24%，出借人请求借款人按照约定的利率支付利息的，人民法院应予支持。

借贷双方约定的利率超过年利率36%，超过部分的利息约定无效。借款人请求出借人返还已支付的超过年利率36%部分的利息的，人民法院应予支持。

第二十七条　借据、收据、欠条等债权凭证载明的借款金额，一般认定为本金。预先在本金中扣除利息的，人民法院应当将实际出借的金额认定为本金。

第五节　农村社会保险制度

【案例导入】

　　甲是 C 县人力资源和社会保障局职工。2012 年 9 月至 2015 年 5 月间，甲利用职务之便，藏匿了 181 个被征地农民基本养老保障的所有信息资料，非法占有被征地农民杨某先、李某树等 181 人的养老保障金个人缴纳部分，共计人民币 1909656 元。甲将非法占有资金中的 53890 元用于支付被征地农民的到年龄应领取养老保障金，95000 元借给他人，其余 1760766 元用于赌博挥霍完毕。2015 年 5 月 29 日，甲主动向 C 县人力资源和社会保障局领导如实供述自己的犯罪事实。后甲的家属张某云分别于 2015 年 6 月 2 日和 2015 年 8 月 5 日两次共退赔 1909656 元。C 县人民检察院于 2015 年 9 月 16 日向 C 县人民法院提起公诉，指控甲犯贪污罪。

【知识学习】

一、农村社会保险的概念

　　农村社会保险，包括农村养老保险与农村医疗保险，是由政府组织引导，采取社会统筹和个人账户相结合的制度模式。农村社保政策采取个人缴费、集体补助、政府补贴相结合的筹资方式，以保障农民年老后的基本生活。

二、云南省农村养老保险费的筹集

　　养老保险费以个人缴纳为主，单位补助为辅，国家予以政策扶持。年满 18 周岁未满 60 周岁的农村各业人员，可以按照《云南省农村社会养老保险暂行办法》的规定缴纳养老保险费。

　　参保人在其户口所在地的行政村、办事处或者乡（镇）参加养老保险。乡镇企业可以在当地以企业为单位统一为其从业人员办理养老保险。

　　养老保险费由参保人在参保期限内按年度缴纳或者分次缴纳。分次缴纳的，其首次缴纳标准一般以 200 元为起点；按年度缴纳的，其缴纳标准以 24 元为起点。

　　参保人在参保时，其所在单位（包括乡镇企业、私营企业等生产经营单位，农业生产合作社等集体经济组织以及其他单位）应当根据实际情况给予参保人

不低于其参保数额 20% 的补助。在确定具体补助标准时，可以适当照顾年龄较大的人、烈士家属、现役和伤残军人、残疾人、独生子女父母和困难户成员。单位对参保人个人的补助总额，最高不超过本单位人均补助数额的 3 倍。单位补助部分与个人缴纳部分一并记入个人账户。

养老保险经办机构按照规定为参保人编制保险号，建立个人账户。个人账户应当载明所记入的全部养老保险费等内容。个人账户中养老保险费利息的具体计算方式，按照民政部制定的规定执行。

三、云南省农村养老保险金的计发

参保人自年满 60 周岁的次月开始，依照本办法按月或者按季领取养老保险金。因身体健康状况需要提前领取的，由本人提出申请，由其所在村民委员会签署意见，经乡（镇）养老保险经办机构审核，报县（市、区）养老保险经办机构批准，可以提前领取。但提前领取的年龄不得低于 55 周岁。

养老保险金的月领取标准，按照参保人个人账户中的养老保险费积累总额确定。具体计发办法按照民政部的规定执行。养老保险金应当由参保人本人领取；委托他人代领养老保险参保人养老保险金的保证期为 10 年。期限届满，参保人仍健在的，其养老保险金按原标准继续领取。参保人在交费期间或者领取养老保险金未满 10 年死亡的，其个人账户中的储存余额，应当一次性退还其遗产继承人或者指定受益人。没有遗产继承人或者指定受益人的，按照国家有关规定支付丧葬费；支付丧葬费后还有剩余的，依照国家有关规定处理。

参保人的遗产继承人或者指定受益人在办理退还手续时，应当出具公安机关开具的参保人死亡证明。

四、云南省侵占农村养老保险金的处罚

对弄虚作假冒领养老保险金的，除追回冒领的养老保险金外，由县级民政部门处 200 元以下罚款。有关单位和个人强制农民参加或者不参加养老保险，挪用、平调、侵占基金，擅自使用基金直接投资，擅自提高管理费的，由上级主管机关责令限期改正，并对直接负责的主管人员和其他直接责任人员给予行政处分；造成基金损失的，应当依法予以赔偿；构成犯罪的，依法追究刑事责任。

养老保险经办机构工作人员违反本规定，滥用职权、徇私舞弊、玩忽职守，侵犯参保人合法权益的，由其所在单位或者上级主管部门给予行政处分；构成犯罪的，依法追究刑事责任。

【案例解析】

甲利用职务便利，隐藏181个被征地农民基本养老保障的所有信息资料，非法占有181个被征地农民的养老保障金个人缴纳部分，共计人民币1909656元。其行为构成贪污罪。鉴于甲有投案自首情节，退清全部赃款，避免了损害结果的发生，真诚悔罪，可依法对其减轻处罚。C县人民法院判决：甲犯贪污罪，判处有期徒刑六年，并处罚金人民币300000元；赃款1909656元予以追缴（已经追缴并已发还了C县人力资源和社会保障局）。

【法条链接】

《国务院关于加强土地调控有关问题的通知》节选

切实保障被征地农民的长远生计：征地补偿安置必须以确保被征地农民原有生活水平不降低、长远生计有保障为原则。各地要认真落实国办发〔2006〕29号文件的规定，做好被征地农民就业培训和社会保障工作。被征地农民的社会保障费用，按有关规定纳入征地补偿安置费用，不足部分由当地政府从国有土地有偿使用收入中解决。社会保障费用不落实的不得批准征地。

《云南省农村社会养老保险暂行办法》节选

第二十九条　参保人同养老保险经办机构就养老保险有关事项发生争议的，可以申请乡（镇）人民政府或者县级民政部门调解；调解不成或者不愿调解的，可以依法申请仲裁或者依法提起诉讼。

第四章　农村人身损害纠纷

第一节　农村人身损害赔偿纠纷

【案例导入】

　　A村甲系乙女婿，乙姐姐丙与乙商议前往乙家中食用草乌，乙提供黑草乌两斤，丙提供白草乌半斤。而后甲邀约同村村民丁前往家中食用草乌，其间丁告知甲还有戊等人在场是否邀约，甲表示，敢吃就来，不敢吃就算了。丁驾驶摩托车载戊前往甲家食用草乌，其间部分人饮酒。约半小时后，食用草乌的部分人员相继出现中毒现象，甲将食用草乌的全部人员送往医院。经抢救后，丙、戊中毒身亡，经鉴定丙、戊系乌头碱中毒。戊的近亲属遂向法院提起诉讼。

【知识学习】

一、人身损害赔偿的相关概念

　　人身损害赔偿，是指当赔偿权利人的生命、健康或者身体受到不法侵害，造成赔偿权利人受伤、残疾甚至死亡时，要求赔偿义务人以财产进行赔偿的一种法律制度。

　　赔偿权利人，是指因侵权行为或者其他致害原因直接遭受人身损害的受害人、依法由受害人承担扶养义务的被扶养人以及死亡受害人的近亲属。

　　赔偿义务人，是指因自己或者他人的侵权行为以及其他致害原因依法应当承担民事责任的自然人、法人或者其他组织。

二、人身损害构成要件

（一）违法加害行为

违反法律强制性规定，实施侵害他人人身或不履行法定义务而造成他人人身损害的行为。

（二）损害事实

侵权行为导致受害人人身遭受损害的客观事实。

（三）因果关系

行为人的加害行为与受害人的损害事实之间存在引起与被引起的关系。

（四）主观过错

要求行为人主观存在故意或过失，但特殊侵权行为不要求具备明显过错。

三、人身损害常见情形

（一）一般人身损害情形

一般人身损害，是指行为人实施侵害行为，主观上存在过错，造成损害结果，并且侵害行为与损害结果之间存在法律上的因果关系。

农村中一般人身损害的常见情形有：

1. 口角纠纷引发打架斗殴致人伤亡；
2. 日常劝酒、相互邀约出游、聚会致人伤亡；
3. 见义勇为致人伤亡；
4. 防卫过当致人伤亡。

（二）特殊人身损害情形

特殊人身损害，是指由法律直接规定，表现为适用无过错或过错推定的归责原则。

农村中特殊人身侵权损害的常见情形有：

1. 饲养动物致人伤亡；
2. 公共道路堆放、倾倒、遗撒妨碍通行物致人伤亡；
3. 建筑物、搁置物、悬挂物脱落、坠落致人伤亡；
4. 监护人未尽到监护义务使被监护人致人损害；
5. 义务帮工致人伤亡。

四、云南省人身损害赔偿费用规定

受害人遭受人身损害，赔偿义务人应当予以赔偿。包括医疗费、误工费、护理费、交通费、住宿费、住院伙食补助费、必要的营养费。受害人因伤致残的，赔偿费用包括残疾赔偿金、残疾辅助器具费、被扶养人生活费，以及因康复护理、继续治疗实际发生的必要的康复费、护理费、后续治疗费。受害人死亡的，除依据救治情况的相关费用外，还应当赔偿丧葬费、被扶养人生活费、死亡补偿费以及受害人亲属办理丧葬事宜支出的交通费、住宿费和误工损失等其他合理费用。

1. 医疗费，根据医疗机构出具的医药费、住院费等收款凭证，结合病历和诊断证明等相关证据确定。

医疗费 = 诊疗费 + 医药费 + 住院费

2. 误工费，根据受害人的误工时间和收入状况确定。误工时间根据受害人接受治疗的医疗机构出具的证明确定。受害人有固定收入的，误工费按照实际减少的收入计算。受害人无固定收入的，按照其最近三年的平均收入计算。

误工费计算公式：

（1）受害人有固定收入的

误工费赔偿金额 = 受害人工资（元/天）×误工时间（天）

（2）受害人无固定收入的

①能证明的：

误工费赔偿金额 = 受害人最近三年平均收入（元/天）×误工时间（天）

②不能证明的，误工费参照受诉法院所在地相同或者相近行业上一年职工的平均工资计算：

误工费赔偿金额 = 受诉法院所在地相同或者相近行业上一年职工的平均工资（元/天）×误工时间（天）

③误工时间一般以医院建休为准。如果受害人因伤致残的，则误工时间可以定至定残日的前一天。

3. 护理费，根据护理人员的收入状况和护理人数、护理期限确定。护理人员有收入的，参照误工费的规定计算；护理人员没有收入或者雇佣护工的，参照当地护工从事同等级别护理的劳务报酬标准计算。护理期限最长不超过二十年。

护理费赔偿金额 = 护理标准（元/天）×护理期限（天）

4. 交通费。根据受害人及其必要的陪护人员因就医或者转院治疗实际发生的费用计算。在工伤事故中，交通费由所在单位按照本单位职工因公出差标准报销。

交通费赔偿金额 = 就医、转院实际发生的交通费用

5. 住宿费。住院伙食补助费可以参照当地国家机关一般工作人员的出差伙

食补助标准予以确定。

住宿费赔偿金额＝国家机关一般工作人员出差住宿标准×住宿时间

6. 住院伙食补助费，职工住院治疗工伤的，由所在单位按照本单位因公出差伙食补助标准的70%发给住院伙食补助费；经医疗机构出具证明，报经办机构同意，工伤职工到统筹地区以外就医的，所需交通、食宿费用由所在单位按照本单位职工因公出差标准报销。

住院伙食补助费＝当地国家机关一般工作人员出差伙食补助标准×住院天数

7. 营养费，根据受害人伤残情况参照医疗机构的意见确定。

营养费＝实际发生的必要营养费用

8. 残疾赔偿金，根据受害人丧失劳动能力程度或者伤残等级，按照云南省上一年度城镇常住居民人均可支配收入标准，自定残之日起按20年计算。但60周岁以上的，年龄每增加一岁减少一年；75周岁以上的，按5年计算。

①残疾赔偿金（60周岁以下）＝云南省上一年度城镇常住居民人均可支配收入×20年×伤残系数

②残疾赔偿金（60周岁以上）＝云南省上一年度城镇常住居民人均可支配收入×（20－增加岁数）年×伤残系数

③残疾赔偿金（75周岁以上）＝云南省上一年度城镇常住居民人均可支配收入×5年×伤残系数

9. 残疾辅助器具费，按照普通适用器具的合理费用标准计算。

残疾辅助器具费＝普通适用器具的合理费用

10. 丧葬费，按照受诉法院所在地上一年度职工月平均工资标准，以六个月总额计算。

丧葬费赔偿额＝受诉法院所在地上一年度职工月平均工资（元/月）×6个月

11. 死亡赔偿金，按照云南省上一年度城镇常住居民人均可支配收入标准，计算20年。但60周岁以上的，年龄每增加一岁减少一年；75周岁以上的，按五年计算。

①死亡赔偿金（60周岁以下）＝云南省上一年度城镇常住居民人均可支配收入标准×20年

②死亡赔偿金（60周岁以上）＝云南省上一年度城镇常住居民人均可支配收入标准×（20－增加岁数）年

③死亡赔偿金（75周岁以上）＝云南省上一年度城镇常住居民人均可支配收入标准×5年

12. 被扶养人生活费，根据扶养人丧失劳动能力程度，按照云南省上一年度城镇常住居民人均消费支出标准计算。被扶养人为未成年人的，计算至十八周岁；被扶养人无劳动能力又无其他生活来源的，计算 20 年。但 60 周岁以上的，年龄每增加一岁减少一年；75 周岁以上的，按五年计算。

①被扶养人生活费（18 周岁以下）＝云南省上一年度城镇常住居民人均消费支出标准×（18－被扶养人岁数）年

②被扶养人无劳动能力又无其他生活来源（18～60 周岁）＝云南省上一年度城镇常住居民人均消费支出标准×20 年

③被扶养人生活费（60 周岁以上）＝云南省上一年度城镇常住居民人均消费支出标准×（20－增加岁数）年

④被扶养人生活费（75 周岁以上）＝云南省上一年度城镇常住居民人均消费支出标准×5 年

13. 精神损害抚慰金，受害人或者死者近亲属遭受精神损害，赔偿权利人向人民法院请求赔偿精神损害抚慰金的，适用《最高人民法院关于确定民事侵权精神损害赔偿责任若干问题的解释》予以确定。

【案例解析】

承担侵权责任需要具备以下要件：侵权人主观上存在过错、侵害行为、损害结果的发生以及侵害行为与损害结果之间存在因果关系。本案中，甲作为成年人应当知晓草乌含有剧毒，制作不当时可能致人中毒，甲曾对包括死者在内的多人说过"敢吃的就来，不敢吃的就算了"，说明甲对食用草乌的潜在风险是明知的。虽然戊并非甲直接邀约，但在戊得知食用草乌的消息并主动前来时，甲并未予以拒绝，且在下班后与路边等候的戊等人一同回家。甲的行为已经使戊等人处于潜在危险之中，其行为存在过失。甲基于自信允许戊等人到家中食用草乌，最终导致戊中毒死亡，其行为与戊死亡结果之间存在法律意义上的因果关系。

因此，甲应当对戊的死亡承担民事责任。依据相关法律规定，应当按照过失大小或原因比例承担相应责任。丙制作草乌不当应承担部分责任；戊在明知草乌危险性的情况下仍然食用，应自行承担主要责任；甲与乙基于过失应当承担部分责任。但甲未拒绝戊等人到家中食用草乌的行为属于人之常情，从动机出发，适当减轻其责任。因此，甲应承担戊丧葬金、死亡赔偿金、被扶养人生活费。

【法条链接】

《中华人民共和国民法典》节选

第一千一百六十五条　行为人因过错侵害他人民事权益造成损害的，应当承担侵权责任。

依照法律规定推定行为人有过错，其不能证明自己没有过错的，应当承担侵权责任。

第一千一百六十六条　行为人造成他人民事权益损害，不论行为人有无过错，法律规定应当承担侵权责任的，依照其规定。

第一千一百七十九条　侵害他人造成人身损害的，应当赔偿医疗费、护理费、交通费等为治疗和康复支出的合理费用，以及因误工减少的收入。造成残疾的，还应当赔偿残疾生活辅助具费和残疾赔偿金。造成死亡的，还应当赔偿丧葬费和死亡赔偿金。

第一千一百七十三条　被侵权人对同一损害的发生或者扩大有过错的，可以减轻侵权人的责任。

第一千一百七十四条　损害是因受害人故意造成的，行为人不承担责任。

第一千一百七十五条　损害是因第三人造成的，第三人应当承担侵权责任。

第一千一百七十六条　自愿参加具有一定风险的文体活动，因其他参加者的行为受到损害的，受害人不得请求其他参加者承担侵权责任；但是，其他参加者对损害的发生有故意或者重大过失的除外。

《最高人民法院关于审理人身损害赔偿案件适用 法律若干问题的解释》节选

第三条　二人以上共同故意或者共同过失致人损害，或者虽无共同故意、共同过失，但其侵害行为直接结合发生同一损害后果的，构成共同侵权，应当依照民法通则第一百三十条规定承担连带责任。

二人以上没有共同故意或者共同过失，但其分别实施的数个行为间接结合发生同一损害后果的，应当根据过失大小或者原因力比例各自承担相应的赔偿责任。

第二节　农村一般人格权损害纠纷

【案例导入】

甲是 A 村人，乙为 A 村内某林场承包人。某日，乙在林场内使用挖掘机整理土地时，在未与甲商量的情况下，将甲家的祖坟毁坏。甲得知情况后，十分气愤，认为祖坟被毁，是对祖宗的大不敬，要求乙立刻将坟冢恢复原状，同时应给予相应精神赔偿。乙则认为，甲家祖坟年代久远，标记不明显，不愿意承担精神赔偿责任。双方为此发生激烈争吵。甲遂向法院提起诉讼，称乙侮辱了自己的祖先及后人，为收殓并重新安葬遗骨，甲及家人投入了大量精力和费用，且由于乙行为导致遗骨零碎散落，仅能部分收回，给甲及其家人造成了极大的精神打击，并要求被告赔偿精神损失费及遗骨收殓安葬费用。

【知识学习】

一、人格权相关概念

人格权分为具体人格权和一般人格权。具体人格权指的是生命权、健康权、身体权、姓名权、肖像权、名誉权、隐私权以及婚姻自主权。一般人格权是自然人享有的一项权利，其包括人格平等、人格独立、人格尊严、人身自由。

二、一般人格权构成要件

1. 人格平等指民事主体间地位平等，不存在人身依附与从属关系，任何一方不得将自己的意志强加给另一方。

2. 人格独立指民事主体的人格由自己支配，其存在不依赖任何外在力量，其意志不受任何外部势力的干预与强制。

3. 人格尊严是指民事主体作为"人"所应有的最基本社会地位、社会评价，并得到最起码尊重的权利。

4. 人身自由是指公民依法享有的人身不受侵犯和自主行为的权利。

三、农村一般人格权侵害常见情形

1. 在生产经营活动中实施损害他人人格尊严的行为。例如：在商店、工厂等公共场合公开损害顾客、员工人格尊严等。

2. 在婚丧、嫁娶、祭祀等过程中严重损害他人人格尊严的行为。例如：私刨他人祖坟、不文明婚闹行为、侮辱他人祖先等行为。

3. 在公开场合当众以语言或行为侮辱、诽谤等损害他人人格尊严的行为。例如：在公众场合以侮辱性语言损害他人人格尊严、逼迫他人当众下跪等侮辱性行为。

4. 侮辱死者名誉，给死者近亲属造成严重精神损害，甚至引发侵害社会公共利益的行为。例如：侮辱、诽谤英雄烈士的行为。

四、一般人格权侵害的责任承担方式

1. 停止侵害、恢复名誉、消除影响、赔礼道歉。恢复名誉、消除影响、赔礼道歉可以约定以书面或者口头的方式进行。

2. 赔偿损失。进行经济赔偿，侵权人应当向受害人支付以实际损失为限的经济赔偿。

3. 精神损害赔偿。因侵害他人人格尊严造成严重精神损害的，应当向受害者进行精神抚慰金赔偿。

【案例解析】

本案中，乙事前未认真勘察，将甲的祖坟毁坏，其行为构成侵权，应予赔偿。私刨他人祖坟造成的侵权责任包括：（1）侵犯死者人格利益。根据《中华人民共和国民法典》第九百九十四条之规定，"死者的姓名、肖像、名誉、荣誉、隐私、遗体等受到侵害的，其配偶、子女、父母有权依法请求行为人承担民事责任"，死者的人格利益受到法律保护，该案例中乙的私刨坟墓行为导致遗骨散落，侵犯死者人格利益。（2）根据我国传统的伦理观念和长期形成的民间风俗习惯，祭奠既是生者对死者的悼念，也是对生者精神上的一种安慰。乙将甲祖坟挖毁，使甲不能正常地行使祭祀权，间接造成了对甲的精神伤害。（3）遗体遗骨作为死者遗存之物，负载了近亲属对死者的哀思，因而是一种特殊的物。对该物的损害，侵犯了死者近亲属的特定身份权益，根据《最高人民法院关于确定民事侵权精神损害赔偿责任若干问题的解释》第三条第三项之规定："自然人死亡后，其近亲属因下列侵权行为遭受精神痛苦，向人民法院起诉请求赔偿精神损害的，人民法院应当依法予以受理：（三）非法利用、损害遗体、遗骨，或者以违反社会公共利益、社会公德的其他方式侵害遗体、遗骨。"自然人死后其人格丧失，人格权也随之消灭，但是人格利益仍受法律的保护。自然人死亡后其人格或者遗体遭受侵害的，死者的配偶、父母和子女等近亲属有权向人民法院主张保护死者的人格利益，请求侵权人承担一定的精神损害赔

偿责任。本案中，乙在未与甲商量的情况下，将甲家的祖坟毁坏的行为给甲造成了一定的精神痛苦，故甲有权请求乙承担一定的精神损害赔偿。

【法条链接】

《中华人民共和国民法典》节选

第九百九十四条　死者的姓名、肖像、名誉、荣誉、隐私、遗体等受到侵害的，其配偶、子女、父母有权依法请求行为人承担民事责任；死者没有配偶、子女且父母已经死亡的，其他近亲属有权依法请求行为人承担民事责任。

第九百九十五条　人格权受到侵害的，受害人有权依照本法和其他法律的规定请求行为人承担民事责任。受害人的停止侵害、排除妨碍、消除危险、消除影响、恢复名誉、赔礼道歉请求权，不适用诉讼时效的规定。

第一千一百八十三条　侵害自然人人身权益造成严重精神损害的，被侵权人有权请求精神损害赔偿。

因故意或者重大过失侵害自然人具有人身意义的特定物造成严重精神损害的，被侵权人有权请求精神损害赔偿。

《最高人民法院关于确定民事侵权精神损害赔偿责任若干问题的解释》节选

第三条　自然人死亡后，其近亲属因下列侵权行为遭受精神痛苦，向人民法院起诉请求赔偿精神损害的，人民法院应当依法予以受理：

（一）以侮辱、诽谤、贬损、丑化或者违反社会公共利益、社会公德的其他方式，侵害死者姓名、肖像、名誉、荣誉；

（二）非法披露、利用死者隐私，或者以违反社会公共利益、社会公德的其他方式侵害死者隐私；

（三）非法利用、损害遗体、遗骨，或者以违反社会公共利益、社会公德的其他方式侵害遗体、遗骨。

第七条　自然人因侵权行为致死，或者自然人死亡后其人格或者遗体遭受侵害，死者的配偶、父母和子女向人民法院起诉请求赔偿精神损害的，列其配偶、父母和子女为原告；没有配偶、父母和子女的，可以由其他近亲属提起诉讼，列其他近亲属为原告。

第八条　因侵权致人精神损害，但未造成严重后果，受害人请求赔偿精神损害的，一般不予支持，人民法院可以根据情形判令侵权人停止侵害、恢复名誉、消除影响、赔礼道歉。因侵权致人精神损害，造成严重后果的，人民法院除判令侵权人承担停止侵害、恢复名誉、消除影响、赔礼道歉等民事责任外，可以根据受害人一方的请求判令其赔偿相应的精神损害抚慰金。

第三节　农村交通事故损害纠纷

【案例导入】

甲系 A 村村民，乙系 B 村村民，甲酒后驾驶二轮摩托车沿道路行驶，与乙停靠在路旁的半挂牵引车在 C 地发生碰撞，致使甲重伤。后经交警大队作出责任事故认定书：交通事故的主要责任在甲酒后驾车，次要责任在乙违规停车。甲的医院抢救费用由乙现行垫付，甲遂向法院提起诉讼，要求乙赔偿医疗费、误工费、护理费等相关损失。

【知识学习】

一、道路交通事故处理一般规定

1. 当发生交通事故时，车辆驾驶人应当立即停车，保护现场。

2. 造成人身伤亡的，车辆驾驶人应当立即抢救受伤人员，并迅速报告执勤的交通警察或者公安机关交通管理部门。由于抢救受伤人员变动现场的，应当标明位置。乘车人、过往车辆驾驶人、过往行人应当予以协助。

3. 未造成人身伤亡，当事人对事实及成因无争议的，可以即行撤离现场，恢复交通，自行协商处理损害赔偿事宜。不能即行撤离现场的，应当迅速报告执勤的交通警察或者公安机关交通管理部门。

4. 仅造成轻微财产损失，并且基本事实清楚的，当事人应当先撤离现场再进行协商处理。

5. 车辆发生交通事故后逃逸的，事故现场目击人员和其他知情人员应当向公安机关交通管理部门或者交通警察举报。

二、道路交通事故责任划分

（一）机动车造成损害的责任

机动车发生交通事故造成人身伤亡、财产损失的，由保险公司在机动车第三者责任强制保险责任限额范围内进行赔偿，不足部分，依照下列规定划分责任：

1. 机动车之间发生交通事故的，由有过错的一方承担赔偿责任；双方均有过错的，按照各自过错的比例分担责任。

2. 机动车与非机动车驾驶人、行人之间发生交通事故，非机动车驾驶人、行人没有过错的，由机动车一方承担赔偿责任；有证据证明非机动车驾驶人、行人有过错的，根据过错程度适当减轻机动车一方的赔偿责任；机动车一方没有过错的，承担不超过百分之十的赔偿责任。

3. 交通事故的损失是由非机动车驾驶人、行人故意碰撞机动车造成的，机动车一方不承担赔偿责任。

（二）租赁、借用机动车造成损害的责任

存在租赁、借用等情形，机动车所有人与使用人不是同一人时，发生交通事故后属于该机动车一方责任的，由保险公司在机动车强制保险责任限额范围内予以赔偿。不足部分，由机动车使用人承担责任，机动车所有人对损害的发生有过错的，承担相应责任。

（三）转让机动车未办理转让登记造成损害的责任

当事人之间已经以买卖等方式转让并交付机动车但未办理所有权转移登记，发生交通事故后属于该机动车一方责任的，由保险公司在机动车强制保险责任限额范围内予以赔偿。不足部分，由受让人承担赔偿责任。

（四）转让拼装报废机动车造成损害的责任

以买卖等方式转让拼装或者已达到报废标准的机动车，发生交通事故造成损害的，由转让人和受让人承担连带责任。

（五）盗抢机动车发生交通事故的责任

盗窃、抢劫或者抢夺的机动车发生交通事故造成损害的，由盗窃人、抢劫人或者抢夺人承担赔偿责任。

（六）机动车肇事逃逸的赔偿与救助

机动车驾驶人发生交通事故后逃逸，该机动车参加强制保险的，由保险公司在机动车强制保险限额内予以赔偿，机动车不明或者该机动车未参加强制保险，需要支付被侵权人人身伤亡的抢救、丧葬等费用的，由道路交通事故社会救助基金垫付。

三、农村道路交通事故常见情形

1. 违法、违章造成交通事故引起的损害赔偿。例如：无驾驶证驾驶机动车、酒后驾车、超速驾车等行为。

2. 违法运营造成交通事故引起的损害赔偿。例如：农用车、拖拉机、违法载人业务引发交通事故等行为。

3. 机动车在道路以外行驶所引发的交通事故。例如：机动车在停车场与行人之间引发交通事故、摩托车在田埂上行驶翻车造成人员伤亡等。

4. 非机动车与行人之间发生交通事故造成人员伤亡。例如：自行车与行人发生碰撞、货运人力车或畜力车与行人发生碰撞等。

【案例解析】

承担侵权责任需要具备以下要件：侵权人主观上存在过错、侵害行为、损害结果的发生以及侵害行为与损害结果之间存在因果关系。本案中，甲系酒后驾车，乙系违章停车，二者发生碰撞导致交通事故的发生，造成甲重伤损害事实的发生。乙作为驾驶人员违章将车辆停放在禁止停车的地方，其主观上存在过错。甲重伤的结果与乙违章行为存在法律上的因果关系，因此乙应当对甲承担相应民事责任，但由于甲本身存在过错，可适当减轻乙责任。且交警大队出具的《责任事故认定书》认定：交通事故的主要责任在甲酒后驾车，次要责任在乙违规停车。依据法律的相关规定，二者应当依据各自责任范围承担相应民事责任。

【法条链接】

《中华人民共和国民法典》节选

第一千二百零八条　机动车发生交通事故造成损害的，依照道路交通安全法律和本法的有关规定承担赔偿责任。

第一千二百一十三条　机动车发生交通事故造成损害，属于该机动车一方责任的，先由承保机动车强制保险的保险人在强制保险责任限额范围内予以赔偿；不足部分，由承保机动车商业保险的保险人按照保险合同的约定予以赔偿；仍然不足或者没有投保机动车商业保险

的，由侵权人赔偿。

《中华人民共和国道路交通安全法》节选

第七十六条 机动车发生交通事故造成人身伤亡、财产损失的，由保险公司在机动车第三者责任强制保险责任限额范围内予以赔偿；不足的部分，按照下列规定承担赔偿责任：

（一）机动车之间发生交通事故的，由有过错的一方承担赔偿责任；双方都有过错的，按照各自过错的比例分担责任。

（二）机动车与非机动车驾驶人、行人之间发生交通事故，非机动车驾驶人、行人没有过错的，由机动车一方承担赔偿责任；有证据证明非机动车驾驶人、行人有过错的，根据过错程度适当减轻机动车一方的赔偿责任；机动车一方没有过错的，承担不超过百分之十的赔偿责任。

交通事故的损失是由非机动车驾驶人、行人故意碰撞机动车造成的，机动车一方不承担赔偿责任。

《最高人民法院关于审理道路交通事故损害赔偿案件适用法律若干问题的解释》节选

第十六条 同时投保机动车第三者责任强制保险（以下简称"交强险"）和第三者责任商业保险（以下简称"商业三者险"）的机动车发生交通事故造成损害，当事人同时起诉侵权人和保险公司的，人民法院应当按照下列规则确定赔偿责任：

（一）先由承保交强险的保险公司在责任限额范围内予以赔偿。

（二）不足部分，由承保商业三者险的保险公司根据保险合同予以赔偿。

（三）仍有不足的，依照道路交通安全法和侵权责任法的相关规定由侵权人予以赔偿。被侵权人或者其近亲属请求承保交强险的保险公司优先赔偿精神损害的，人民法院应予支持。

第四节　农村医疗损害赔偿纠纷

【案例导入】

甲临产前入住 A 地乙医院，经产前诊断：甲出现先兆临产，患有妊娠期糖尿病以及羊水过多的现象，胎儿存在脐绕颈。次日凌晨，甲分娩出一男婴后，乙医院诊断为胎儿窒息、羊水栓塞。因甲产后大出血，经乙医院抢救后甲抢救无效死亡。甲的家属向 A 地司法鉴定中心申请鉴定，鉴定意见为：甲死亡原因为产后大出血、失血性休克死亡。其生产过程中有羊水栓塞情况，临床产后出现大出血，其出血原因与羊水栓塞、子宫腔出血联合撕裂有关。甲家属认为，乙医院未及时采取相应治疗措施，导致甲死亡，乙医院应当承担相应民事责任。甲的家属遂向法院提起诉讼，要求乙医院承担死亡赔偿金、丧葬费等费用。

【知识学习】

一、医疗损害相关概念

医疗损害，是指医疗机构及其医务人员在医疗活动中，违反医疗卫生管理法律、行政法规、部门规章和诊疗护理规范、常规，过失造成患者人身损害。

二、医疗损害的一般规定

1. 患者在诊疗活动中受到损害，医疗机构及其医务人员有过错的。

2. 医务人员在诊疗活动中应当向患者说明病情和医疗措施。需要实施手术、特殊检查、特殊治疗的，医务人员应当及时向患者说明医疗风险、替代医疗方案等情况，并取得其书面同意；不宜向患者说明的，应当向患者的近亲属说明，并取得其书面同意。医务人员未尽到说明义务，给患者造成损害的，医疗机构应当承担赔偿责任。

3. 医务人员在诊疗活动中未尽到与当时的医疗水平相应的诊疗义务，造成患者损害的，医疗机构应当承担赔偿责任。

4. 因下列情形之一，造成患者损害，推定医疗机构有过错：

（1）违反法律、行政法规、规章以及其他有关诊疗规范的规定；

（2）隐匿或者拒绝提供与纠纷有关的病历资料；

（3）伪造、篡改或者销毁病历资料。

病历资料包括医疗机构保管的门诊病历、住院志、体温单、医嘱单、检验报告、医学影像检查资料、特殊检查（治疗）同意书、手术同意书、手术及麻醉记录、病理资料、护理记录、医疗费用、出院记录以及国务院卫生行政主管部门规定的其他病历资料。

5. 因药品、消毒药剂、医疗器械的缺陷，或者输入不合格的血液造成患者损害的，患者可以向生产者或者血液提供机构请求赔偿，也可以向医疗机构请求赔偿。

6. 医疗机构及其医务人员泄露患者隐私或者未经患者同意公开其病历资料的，应当承担侵权责任。

7. 医疗机构及其医务人员不得违反诊疗规范实施不必要的检查。

8. 医疗机构邀请本单位以外的医务人员对患者进行诊疗，因受邀医务人员的过错造成患者损害的，由邀请医疗机构承担赔偿责任。

三、医疗损害中医院方的免责事由

1. 患者或者其近亲属不配合医疗机构进行符合诊疗规范的诊疗。

2. 医务人员在抢救生命垂危的患者等紧急情况下已经尽到合理诊疗义务。

3. 限于当时的医疗水平难以诊疗。

四、医疗损害鉴定问题

患者无法提交医疗机构及其医务人员有过错、诊疗行为与损害之间具有因果关系的证据，依法提出医疗损害鉴定申请的。下列专门性问题可以作为申请医疗损害鉴定的事项：

1. 实施诊疗行为有无过错；

2. 诊疗行为与损害后果之间是否存在因果关系以及原因力大小；

3. 医疗机构是否尽到了说明义务、取得患者或者患者近亲属书面同意的义务；

4. 医疗产品是否有缺陷、该缺陷与损害后果之间是否存在因果关系以及原因力的大小；

5. 患者损伤残疾程度；

6. 患者的护理期、休息期、营养期；

7. 其他专门性问题。

五、农村常见医疗损害纠纷情形

1. 因医疗事故引发的损害。例如：医疗机构及其医务人员在诊疗过程中，违反医疗卫生法、行政法规、部门规章和诊疗护理常规，造成患者受损。

2. 因患者对医疗行为产生误解造成的纠纷。例如：患者及其家属缺乏医学常识，对正常医疗行为误解引发的纠纷。

3. 因医院夸大诊疗效果引发的纠纷。例如：患者在接受相应治疗后未达到广告效果，指责医院欺诈引发的纠纷。

4. 医院及其医务人员未尽到足够的告知义务而引发的纠纷。例如：医务人员在诊疗活动中未向患者说明病情和医疗措施引发的纠纷。

5. 因医院内部管理不善引发的纠纷。例如：由于医院管理不善，导致医疗器械存在问题，造成患者损伤引发的纠纷。

【案例解析】

依据《中华人民共和国民法典》第一千二百一十八条规定，患者在诊疗过程中受到损害，医疗机构或者其医务人员有过错的，由医疗机构承担赔偿责任。本案中甲死亡经司法鉴定认定，乙医院在对甲实施诊疗的过程中存在过错，该过错与甲死亡结果之间存在因果关系，乙医院负有责任。因此，乙医院应当对甲的死亡结果承担相应的侵权责任。

【法条链接】

《中华人民共和国民法典》节选

第一千二百一十八条　患者在诊疗活动中受到损害，医疗机构或者其医务人员有过错的，由医疗机构承担赔偿责任。

第一千二百二十八条　医疗机构及其医务人员的合法权益受法律保护。干扰医疗秩序，妨碍医务人员工作、生活，侵害医务人员合法权益的，应当依法承担法律责任。

《医疗事故处理条例》节选

第四十九条　医疗事故赔偿，应当考虑下列因素，确定具体赔偿数额：

（一）医疗事故等级；

（二）医疗过失行为在医疗事故损害后果中的责任程度；

（三）医疗事故损害后果与患者原有疾病状况之间的关系。

《最高人民法院关于审理医疗损害责任纠纷案件适用法律若干问题的解释》节选

第十八条　因抢救生命垂危的患者等紧急情况且不能取得患者意见时，下列情形可以认定为侵权责任法第五十六条规定的不能取得患者近亲属意见：

（一）近亲属不明的；

（二）不能及时联系到近亲属的；

（三）近亲属拒绝发表意见的；

（四）近亲属达不成一致意见的；

（五）法律、法规规定的其他情形。

前款情形，医务人员经医疗机构负责人或者授权的负责人批准立即实施相应医疗措施，患者因此请求医疗机构承担赔偿责任的，不予支持；医疗机构及其医务人员怠于实施相应医疗措施造成损害，患者请求医疗机构承担赔偿责任的，应予支持。

第五章　农民土地权益的法律保障

第一节　农村土地承包经营制度

【案例导入】

　　甲乙是同村村民，1998 年 12 月 6 日，A 县 B 村委会 C 村一组将位于"西立局"的土地 0.18 亩（含诉争土地约 0.09 亩）承包给甲耕种，随后经由 A 县农业局将该土地承包经营权登记在甲名下，承包期限至 2028 年 7 月 31 日。甲承包该土地后至 2018 年 5 月一直由甲管理耕种。2018 年 6 月，乙以与甲互换的土地被原承包的第三人丙收回为由，要求甲返还第一轮承包时换给甲的"西立局"0.09 亩土地，该要求未得到甲同意，乙便强行在登记于甲名下的"西立局"承包土地的西部（约 0.09 亩）栽种上秧苗，纠纷经村、社调解未果，甲便将乙诉至法院。

【知识学习】

一、农村集体土地所有权与土地承包经营权

　　农村土地属各集体经济组织所有，集体又将所有的土地以承包的方式发包给该集体经济组织内的农户管理耕种。我国宪法第十条第二款规定："农村和城市郊区的土地，除由法律规定属于国家所有的以外，属于集体所有；宅基地和自留地、自留山，也属于集体所有。"《中华人民共和国土地管理法》第八条第二款同样规定："农村和城市郊区的土地，除由法律规定属于国家所有的以外，属于农民集体所有；宅基地和自留地、自留山，属于农民集体所有。"该法第九条还规定："国有土地和农民集体所有的土地，可以依法确定给单位或者个人使用。使用土地的单位和个人，有保护、管理和合理利用土地的义务。"

农村土地承包，是农村集体经济组织内部成员的土地家庭承包，以及通过招标、拍卖、公开协商等方式确定的荒山、荒沟、荒丘、荒滩等农村土地的承包。

二、农村土地承包经营权流转

（一）农村土地"三权分置"

为了建立城乡统一的土地市场，国家实行农村土地所有权、农村土地承包权和农村土地经营权"三权分置"。农村集体经营性建设用地可以平等入市，农村土地承包权和经营权可以依法流转。

（二）农村土地的承包期限

1. 耕地的承包期是 30 年；

2. 草地的承包期是 30 年到 50 年；

3. 林地的承包期是 30 年到 70 年；

4. 特殊林木林地的承包期，经国务院林业行政主管部门批准可以延长。

（三）农村土地承包权的内容

农村土地承包权，是指农村土地承包人对其依法承包的土地享有占有、使用、收益和一定的处分的权利。其主要包括以下内容：

1. 经营自主权，是指承包人在生产经营方面自主决策和自主经营的权利；

2. 收益权，是指承包人占有在承包地上开展经营活动所得利益的权利；

3. 收益的处分权，是指承包人对自己承包经营的收益进行处分的权利，如出售、自用、赠予他人；

4. 流转权，是指承包人将土地承包经营权流转给第三人，由第三人行使部分土地承包经营权的权利；

5. 优先承包权，是指在农村土地发包或者土地承包、经营权流转过程中，本集体经济组织的成员在同等条件下有优先于本集体经济组织以外的单位或者个人获得土地承包权的权利；

6. 继承权，是指承包人在承包期内死亡的，该承包人的继承人有权继承原承包合同权益的权利。

（四）农村土地承包权、经营权流转制度

农村土地承包权和经营权流转，指农村土地承包权和经营权的主体（即承包权人、经营权人）发生变更。

（五）农村土地承包权、经营权流转的方式

1. 转包。承包方在剩余承包期内将部分或全部土地承包经营权以一定期限转给本集体经济组织的其他农户从事农业生产经营。转出方与集体的关系不变，受转方与转出方的权利义务通过转包合同另行约定。

2. 出租。承包方在剩余承包期内将部分或全部承包地让渡给非本集体经济组织的经营者，转出方与集体的承包关系不变，与承租方另行签订土地出租合同。

3. 互换。承包方之间为方便耕种或者各自需要，对属于同一集体经济组织的土地承包经营权进行交换。为了方便耕种，农户之间在自愿协商的条件下，互相调换田地进行承包经营，是当前农村土地承包经营中出现的一种较为普遍的现象。

4. 转让。承包方有稳定的非农职业或收入来源，经发包方同意将承包地让渡给其他农户经营，由受让方与发包方确立新的承包关系，转出方与发包方在该土地上的承包关系即行终止。

5. 入股。承包方将土地承包经营权量化为股份，作为出资投入其他经营组织。入股分为股份合作和入企业股：股份合作，是指承包农户之间为发展农业经济，自愿联合将承包土地量化为股份，以从事农业合作生产。入企业股，是指将土地量化为股份投入企业作为赚取回报的投资。

6. 抵押。土地经营者作为债务人不转移对土地的占有，而是将土地经营权作为债权的担保，当不能履行债务时，债权人有权依法将该土地经营权处置并将其价款优先受偿。

7. 代耕及其他流转方式一般比较灵活，期限也比较短，多数情况下不一定签订流转合同。土地承包经营权流转的主体是承包方，承包方有权依法自主决定土地承包经营权是否流转或流转的方式。承包方将土地交由他人代耕不超过1年的，可不签订书面合同。

三、权属认定

农村集体组织成员享有平等的承包权，不允许任何人享有特权。

对集体组织成员资格的认定，一般以户籍地、经常居住状态和从事农业生产是否为某成员的基本生活经济来源决定。具有集体经济组织成员资格不仅可以平等地享有土地承包权，而且还有权平等地获得承包地被征地的补偿费用。

妇女与男子享有平等的土地承包权。承包中，应当保护妇女的合法权益，任何组织和个人不得剥夺、侵害妇女应当享有的土地承包权。承包期内，妇女结婚，在新居住地未取得承包地的，发包方不得收回其原承包地；妇女离婚或者丧偶，仍在原居住地生活或者不在原居住地生活但在新居住地未取得承包地的，发包方不得收回其原承包地。

　　本村集体经济组织成员对集体土地享有优先承包权。土地承包优先权，是指农村土地发包或流转时，在同等条件下，本集体经济组织成员对农村土地享有优先承包权。

　　特殊群体的集体经济组织成员资格认定及其承包地的调整。农村回迁户成员资格及土地承包权，外出读书、服兵役成员资格及土地承包权，外出务工农民成员资格及土地承包经营权，开除公职人员其户口迁入农村集体经济组织，是否重新分配承包耕地由村民大会或农户代表会议讨论，并经参会 2/3 以上代表通过的，可以从集体机动地、依法收回承包耕地或新开垦的土地中调整，对调整后的土地使用权进行确权登记。也可采取土地流转的转包、出租等形式解决。户口转入农村时与集体经济组织有约定的，从其约定。

　　服刑犯人的承包地处理。犯罪服刑被依法注销户口的农民，已经不属于当地集体经济组织的成员，其承包地一般都应当收回。但是，对服刑时间不长，一两年或几个月就将刑满释放的人，应当给予其生活出路，对于刑满释放后回家继续务农的，对他们的承包地可以不做调整，由其亲属耕种。

【案例解析】

　　本案是一起农村土地承包经营权权属纠纷案件。合法的土地承包关系受法律保护。承包人（户）依法享有对承包土地实施管理、使用和收益等权利。本案诉争土地在 1998 年实行新一轮承包之后，已明确到甲名下，甲依法享有对该土地的承包经营权。在前一轮承包期内双方是否存在交换等流转行为，不影响甲对该土地享有的权利。该案诉争土地集体与甲签有承包合同，又由相关职能部门颁发了权属证书，甲依法对土地享有管理、使用和收益等权利，理应受到法律的保护。

　　农户承包土地的面积、地段因时、因势发生变化纯属正常。该案虽不能查明甲乙双方是否就争议土地进行过互换的事实，但根据农村土地承包法的规定，土地的互换、出租等合法流转也受法律保护。新一轮承包是对承包田范围、面积的重新确认。即便甲乙双方存在互换土地的事实，一方也不能擅自反悔或撤销，更不能因第三人的侵权行为来对抗相对人的合法权益，乙完全可以通过合法途径维护自己的合法权益。

　　乙擅自抢种甲承包地的行为，侵害了甲的合法权益，应承担返还土地的义务。考虑到水稻的生长实际，以本季水稻收割完毕后交还甲管理耕种为宜。甲的诉讼请求，有事实和法律依据，得到法院的认可和支持，判决乙于本季水稻收割完毕后，即行将"西立局"侵占的约 0.09 亩土地交还甲管理。

【法条链接】

《中华人民共和国农村土地承包法》节选

第四条　农村土地承包后，土地的所有权性质不变。承包地不得买卖。

第六条　农村土地承包，妇女与男子享有平等的权利。承包中应当保护妇女的合法权益，任何组织和个人不得剥夺、侵害妇女应当享有的土地承包经营权。

第九条　承包方承包土地后，享有土地承包经营权，可以自己经营，也可以保留土地承包权，流转其承包地的土地经营权，由他人经营。

第十一条　农村土地承包经营应当遵守法律、法规，保护土地资源的合理开发和可持续利用。未经依法批准不得将承包地用于非农建设。

国家鼓励增加对土地的投入，培肥地力，提高农业生产能力。

第十七条　承包方享有下列权利：

（一）依法享有承包地使用、收益的权利，有权自主组织生产经营和处置产品；

（二）依法互换、转让土地承包经营权；

（三）依法流转土地经营权；

（四）承包地被依法征收、征用、占用的，有权依法获得相应的补偿；

（五）法律、行政法规规定的其他权利。

第十八条　承包方承担下列义务：

（一）维持土地的农业用途，未经依法批准不得用于非农建设；

（二）依法保护和合理利用土地，不得给土地造成永久性损害；

（三）法律、行政法规规定的其他义务。

第二十七条　承包期内，发包方不得收回承包地。

国家保护进城农户的土地承包经营权。不得以退出土地承包经营权作为农户进城落户的条件。

承包期内，承包农户进城落户的，引导支持其按照自愿有偿原则依法在本集体经济组织内转让土地承包经营权或者将承包地交回发包

方，也可以鼓励其流转土地经营权。

承包期内，承包方交回承包地或者发包方依法收回承包地时，承包方对其在承包地上投入而提高土地生产能力的，有权获得相应的补偿。

第二十九条　下列土地应当用于调整承包土地或者承包给新增人口：

（一）集体经济组织依法预留的机动地；

（二）通过依法开垦等方式增加的；

（三）发包方依法收回和承包方依法、自愿交回的。

第三十条　承包期内，承包方可以自愿将承包地交回发包方。承包方自愿交回承包地的，可以获得合理补偿，但是应当提前半年以书面形式通知发包方。承包方在承包期内交回承包地的，在承包期内不得再要求承包土地。

第三十一条　承包期内，妇女结婚，在新居住地未取得承包地的，发包方不得收回其原承包地；妇女离婚或者丧偶，仍在原居住地生活或者不在原居住地生活但在新居住地未取得承包地的，发包方不得收回其原承包地。

第三十二条　承包人应得的承包收益，依照继承法的规定继承。

林地承包的承包人死亡，其继承人可以在承包期内继续承包。

第三十五条　土地承包经营权互换、转让的，当事人可以向登记机构申请登记。未经登记，不得对抗善意第三人。

第三十六条　承包方可以自主决定依法采取出租（转包）、入股或者其他方式向他人流转土地经营权，并向发包方备案。

第三十八条　土地经营权流转应当遵循以下原则：

（一）依法、自愿、有偿，任何组织和个人不得强迫或者阻碍土地经营权流转；

（二）不得改变土地所有权的性质和土地的农业用途，不得破坏农业综合生产能力和农业生态环境；

（三）流转期限不得超过承包期的剩余期限；

（四）受让方须有农业经营能力或者资质；

（五）在同等条件下，本集体经济组织成员享有优先权。

第四十一条　土地经营权流转期限为五年以上的，当事人可以向登记机构申请土地经营权登记。未经登记，不得对抗善意第三人。

第四十二条　承包方不得单方解除土地经营权流转合同，但受让方有下列情形之一的除外：

（一）擅自改变土地的农业用途；

（二）弃耕抛荒连续两年以上；

（三）给土地造成严重损害或者严重破坏土地生态环境；

（四）其他严重违约行为。

第四十四条　承包方流转土地经营权的，其与发包方的承包关系不变。

第四十六条　经承包方书面同意，并向本集体经济组织备案，受让方可以再流转土地经营权。

第四十七条　承包方可以用承包地的土地经营权向金融机构融资担保，并向发包方备案。受让方通过流转取得的土地经营权，经承包方书面同意并向发包方备案，可以向金融机构融资担保。

担保物权自融资担保合同生效时设立。当事人可以向登记机构申请登记；未经登记，不得对抗善意第三人。

实现担保物权时，担保物权人有权就土地经营权优先受偿。

土地经营权融资担保办法由国务院有关部门规定。

第四十八条　不宜采取家庭承包方式的荒山、荒沟、荒丘、荒滩等农村土地，通过招标、拍卖、公开协商等方式承包的，适用本章规定。

第五十四条　依照本章规定通过招标、拍卖、公开协商等方式取得土地经营权的，该承包人死亡，其应得的承包收益，依照继承法的规定继承；在承包期内，其继承人可以继续承包。

第五十五条　因土地承包经营发生纠纷的，双方当事人可以通过协商解决，也可以请求村民委员会、乡（镇）人民政府等调解解决。

当事人不愿协商、调解或者协商、调解不成的，可以向农村土地承包仲裁机构申请仲裁，也可以直接向人民法院起诉。

第五十六条　任何组织和个人侵害土地承包经营权、土地经营权的，应当承担民事责任。

第六十三条　承包方、土地经营权人违法将承包地用于非农建设的，由县级以上地方人民政府有关主管部门依法予以处罚。

承包方给承包地造成永久性损害的，发包方有权制止，并有权要求赔偿由此造成的损失。

第六十四条　土地经营权人擅自改变土地的农业用途、弃耕抛荒连续两年以上、给土地造成严重损害或者严重破坏土地生态环境，承

包方在合理期限内不解除土地经营权流转合同的，发包方有权要求终止土地经营权流转合同。土地经营权人对土地和土地生态环境造成的损害应当予以赔偿。

《中华人民共和国土地管理法》节选

第九条　城市市区的土地属于国家所有。农村和城市郊区的土地，除由法律规定属于国家所有的以外，属于农民集体所有；宅基地和自留地、自留山，属于农民集体所有。

第十条　国有土地和农民集体所有的土地，可以依法确定给单位或者个人使用。使用土地的单位和个人，有保护、管理和合理利用土地的义务。

第十一条　农民集体所有的土地依法属于村农民集体所有的，由村集体经济组织或者村民委员会经营、管理；已经分别属于村内两个以上农村集体经济组织的农民集体所有的，由村内各该农村集体经济组织或者村民小组经营、管理；已经属于乡（镇）农民集体所有的，由乡（镇）农村集体经济组织经营、管理。

第十三条　农民集体所有和国家所有依法由农民集体使用的耕地、林地、草地，以及其他依法用于农业的土地，采取农村集体经济组织内部的家庭承包方式承包，不宜采取家庭承包方式的荒山、荒沟、荒丘、荒滩等，可以采取招标、拍卖、公开协商等方式承包，从事种植业、林业、畜牧业、渔业生产。家庭承包的耕地的承包期为三十年，草地的承包期为三十年至五十年，林地的承包期为三十年至七十年；耕地承包期届满后再延长三十年，草地、林地承包期届满后依法相应延长。国家所有依法用于农业的土地可以由单位或者个人承包经营，从事种植业、林业、畜牧业、渔业生产。发包方和承包方应当依法订立承包合同，约定双方的权利和义务。承包经营土地的单位和个人，有保护和按照承包合同约定的用途合理利用土地的义务。

第十四条　土地所有权和使用权争议，由当事人协商解决；协商不成的，由人民政府处理。

单位之间的争议，由县级以上人民政府处理；个人之间、个人与单位之间的争议，由乡级人民政府或者县级以上人民政府处理。

当事人对有关人民政府的处理决定不服的，可以自接到处理决定通知之日起三十日内，向人民法院起诉。

在土地所有权和使用权争议解决前，任何一方不得改变土地利用现状。

《中华人民共和国民法典》节选

第三百三十一条 土地承包经营权人依法对其承包经营的耕地、林地、草地等享有占有、使用和收益的权利，有权从事种植业、林业、畜牧业等农业生产。

第二节 农村自留地、自留山制度

【案例导入】

甲、乙现均为 A 村委会 B 村小组村民，但在此之前村委会分山时却属于不同的村民小组村民。1983 年 7 月 29 日，×县人民政府向甲父颁发了××公社××大队××生产队字第 55 号×县社员自留山使用证。载明：甲父家在地名为"知兔山"处分得自留山一处，四至界线为：东至岩头、南至接花柱均、西至梁子小山沟、北至大中山界。同年 7 月 28 日，×县人民政府向丙父颁发了××公社××大队××生产队字第 59 号×县社员自留山使用证，载明：丙父家在地名为"机波罗"处分得自留山一处，四至界线为：东至开成和正沟、南至良子顶、西至小阱、北至泽才。此前，在甲乙双方争执的地点曾沿山脊自下而上有一条大路供人畜通行，并在路旁曾有一个泥塘，后因修建了公路，该大路被废弃而不再行走，但现仍遗留有部分原路面痕迹。甲乙双方争执的地点在地名为"知兔山"，并修建一个电网铁塔的三角地带。现该三角地带上下两方均有一条公路通行，另一方则系地名为"机波罗"方向与丁耕种的山地相接，铁塔位于两条公路交汇的三角前端靠下方公路处。甲乙双方的纠纷起因，也正源于电网公司在该处修建架设电网的铁塔进行经济补偿而产生积怨，并于 2016 年 6 月因生活琐事发生肢体冲突致乙身体受到伤害，而经法院审理后，判决由甲赔偿乙经济损失 1 万余元。后甲以乙强行霸占其自留山耕种为由，请求法院依法判令乙停止侵害、排除妨碍。

【知识学习】

一、自留山、自留地基本制度

自留地、自留山属于村集体所有，是根据政策划分给村民种植的农用地。村民对自留地、自留山具有使用权。

自留地是由农村集体经济组织按规定分给其成员经营家庭副业以满足家庭生活和市场需求的土地。

自留地、自留山长期归农民使用，种植物归农民个人所有，以作为农民个人生活和收入的补充来源。在巩固和发展集体经济的同时，应当鼓励和扶持农民耕种自留地、自留山，增加个人收入，活跃农村经济。

自留山是由农村集体经济组织按规定分给其成员使用和经营的小块山林。农民对在自留山上栽植林木，抚育改造和发展林副业产品有自主权，其林木和其他林副产品可以自用，也可以出售，但自留山的所有权仍归集体所有。

自留地、自留山属于集体所有，其成员只有使用权，不得出租、转让或买卖，也不得擅自用于建房等非农业生产用途。自留地生产的产品归农民自己支配。自留地、自留山的经营权受国家政策保护，不得随意侵占。

自留地、自留山没有被纳入农村承包土地管理范畴，现行法律、行政法规、地方性法规以及司法解释均未对自留地、自留山的经营方式和经营权作出具体规定。其建立、取消、恢复等均由国家政策来规定和调整。《中共中央国务院转发国家农委〈关于积极发展农村多种经营的报告〉的通知》和村集体划定自留地、自留山的原始记录，是调处自留地、自留山纠纷的重要依据。

二、自留地、自留山纠纷的处理

自留地、自留山法律纠纷，是指农村集体经济组织的成员在经营、管理、使用自留地、自留山过程中发生的纠纷，主要有权属、相邻、流转、侵权等情形。

自留地、自留山的所有权属于农民集体，农民个人只可以长期无偿使用，农民经营的自留地、自留山上种的庄稼、果木、药材等收益是农民个人所有，农民去世后，这些收益可以作为财产由继承人继承。

农村集体经济组织都是按家庭人口、劳动能力，以农户为单位分配自留地、自留山的，所以我国农民使用的自留地、自留山一般不作过多调整，以保持其稳定性。家庭个别成员死亡，并不妨碍其他家庭成员对自留山、自留地的经营和使用。

自留山上的林木包括划定时的天然林和已栽植的人工林，除划分时对原有树木有协议的按协议执行外，没有协议的一律归农户个人所有，允许出售、转让。除了房前屋后的林木外，其他树木采伐需要有证才可以。

一个村组内若存在自留山面积不均、没有自留山等问题，原则上不予调整。对群众反映强烈的，要适当考虑，给予适量多分承包山的办法予以解决。

20世纪80年代划分自留山时，如果当时县（区）以上人民政府有规定的，对3年以上不造林、不管护、不治理，经县级林业主管部门认定的，已经由村集体依法收回的，确认有效。其余已经划定的自留山，乡镇政府、村组集体经济组织一律不得收回。

一般自留山的面积原则上"面积服从四至"，按划分的边框四至确定面积。如果四至不清，各户又不能达成一致意见，可以将面积按比例平均分摊，现场勾画，用测绳丈量面积，明确四至，栽植交界树，逐块登记，绘制图纸。

对自留山上原归集体所有的零星较大树木，当时有协议或规定的，按原协议或规定执行，如没有协议或规定的，无偿划给自留山农户。

自留地属于集体所有的土地，个人可以使用，但自留地没有政府颁发证书来认可，容易产生纠纷。

我国《土地管理法》第十四条规定："土地所有权和使用权争议由当事人协商解决；协商不成的，由人民政府处理。单位之间的争议，由县级以上人民政府处理；个人之间、个人与单位之间的争议，由乡级人民政府或者县级以上人民政府处理。当事人对有关人民政府的处理决定不服的，可以自接到处理决定通知之日起30日内，向人民法院起诉，在土地所有权和使用权争议解决前，任何一方不得改变土地利用现状。"

【案例解析】

根据法律法规规定，农村自留山、自留地和宅基地虽然由个人使用，但都属于农村集体所有。本案甲以乙强行霸占其自留山耕种为由，请求法院依法判令被告停止侵害、排除妨碍，但从其提交的用于证实其诉讼主张的×县社员自留山使用证（××公社××大队××生产队字第55号）所载四至界线来看，并不能证实乙所耕种的土地确实属于该自留山使用证的四至界线范围；同时，甲申请出庭作证的丙也在当庭作证中，对甲乙双方争执的自留山使用权提出主张，认为该争执的土地包括有县政府向其父颁发的自留山使用证范围。因此，甲乙双方之间的纠纷名为排除妨碍的侵权之诉，实为确认自留山使用权范围的确认之诉。对于此类案件，按照《土地管理法》第十四条之规定，应先由双方当事人协商解决，协商不成时必须向相关部门申请处理，而不能直接向人民法院提

起诉讼，只有在经相关部门作出处理决定之后，一方当事人对处理决定不服时才能向人民法院提起行政诉讼。甲对其诉讼请求负有举证责任，但未能提供充分证据证明其事实主张，法院依法不予支持，并驳回了甲的诉讼请求。

【法条链接】

《中华人民共和国土地管理法》节选

第九条　城市市区的土地属于国家所有。

农村和城市郊区的土地，除由法律规定属于国家所有的以外，属于农民集体所有；宅基地和自留地、自留山，属于农民集体所有。

第三节　农村宅基地制度

【案例导入】

2002 年 5 月 20 日，甲乙双方经审批后分别取得了现居住的宅基地，两块宅基地相邻，甲户居北，乙户居南。2013 年，两户分别在宅基地上建西房，在甲户西房后山墙的正西边，有乙户的一块空地，乙在该空地上建有一堵南北向的围墙，该围墙的出檐为 31 厘米，与甲户西楼房后山墙第一层出檐（53 厘米）部分相互交错，双方墙体间的距离北端为 79 厘米，南端为 71 厘米。甲户西楼房后山墙第一层出檐南段较之北段有一错位，约为 12 厘米。甲乙双方均认为一方在建设过程中侵占了另一方的滴水，双方为此发生纠纷。在纠纷过程中，甲将乙户南北向围墙的出檐部分损坏。后经村、镇两级调解，双方未能达成一致意见。2017 年 4 月 7 日，甲诉至法院，要求判令乙拆除其南北向围墙出檐超出 12 厘米以外的部分，同时恢复其西楼房南一间半出檐原状。案件审理过程中，乙提出反诉，要求甲恢复其损坏的乙户围墙出檐瓦片的原状，要求甲拆除其侵占乙户滴水范围的出檐，要求甲为乙粉刷墙面时提供便利。

【知识学习】

一、农村宅基地基本法律制度

农村宅基地，是指农村的农户或个人用作住宅基地而占有本集体所有的土地。

（一）农村宅基地的范围

农村宅基地包括建厂房屋的土地、建过房屋但已无上盖物且不能居住的土地、准备建房用的规划地。

（二）农村宅基地的权属

宅基地所有权属于农村集体经济组织，只要符合法定的申请条件，农户可以无偿申请宅基地使用权。

宅基地使用权仅限本集体经济组织特定的成员享有，农村村民申请宅基地只可向本集体经济组织提出，特定村民申请取得宅基地后只可自己建房，村民一户只能拥有一处宅基地，其面积不得超过省、自治区、直辖市规定的标准。特定村民申请取得宅基地后只可自己建房，不可将其出卖、转让。允许宅基地抵押。

法律规定，宅基地通过申请、批准的方式获得，还可以通过继受的方式（如房屋买卖、接受赠与或遗赠、继承等）获得。

（三）农村宅基地的范围与面积

农村宅基地面积以"户"为单位划定，包括主体建筑物住宅和场地设施两个部分，不包括农业晒场用地。具体按以下方法确定：

1. 房前屋后砖石砌成的台阶或花坛应计算到房主的宅基地中，若无台阶，应根据该户主要活动场所的位置（房前或屋后）适当计算一定宽度的面积。

2. 由属于同一户的建（构）筑物形成的三面或封闭的区域，如由主房、厨房、猪圈三面合起来的地段，能为一户使用，应计算为该户的宅基地。

3. 若空地上某户种植的植物使得该土地不能有其他用途时，应计算为该户的宅基地。

4. 凡是由某几户共同使用而不是作为公共用地的地段，应分摊到各户中去。

5. 由属于同一户的建（构）筑物所围成的不能移作他用的死角空地应计算为该户的宅基地，由属于不同户的建（构）筑物所围成的死角空地，应计算分摊到相关户的宅基地中。

6. 临靠村内公共道路的农户，空地和道路的界线不易区分，可根据村组干部和农户的意见按照人行道的大致边界确定。

（四）农村宅基地使用权

农村的宅基地使用权，是指农村居民因建造自有房屋而占有、使用集体所有土地的权利。

1. 宅基地使用权的行使与转让：

（1）宅基地使用权人不得以出卖、赠予、入股、联营等方式单独处分宅基地使用权。但将地上建筑物以出售、赠予、继承、遗赠的方式移转与他人的，宅基地使用权也随之转移。

（2）本集体经济组织内部的宅基地使用权转让，须同时具备以下条件：

第一，转让人拥有两处以上的农村住房（含宅基地）；

第二，转让人与受让人为同一集体经济组织内部的成员；

第三，受让人没有住房和宅基地，且符合宅基地使用权分配条件；

第四，转让行为须征得本集体经济组织同意；

第五，宅基地使用权不得单独转让，必须与合法建造的住房一并转让。

（3）农民向城镇居民转让宅基地使用权或者其他变相导致农民丧失宅基地使用权的行为，应当确认无效。

2. 宅基地使用权的消灭。确因国家建设需要，或者乡村公共设施和公益事业需要，可以收回农户的宅基地，但应当对宅基地使用权人重新分配宅基地，因收回而给农户的房屋及附属设施等造成损失的，应当给予合理补偿。进城定居的农民，其农村宅基地可以有偿退还村集体经济组织。

二、农村宅基地纠纷的处理

农村宅基地纠纷错综复杂，公民与公民之间常因宅基地使用权归属问题、宅基地共同使用人为各自的宅基地使用范围、宅基地使用权转移、宅基地的使用侵犯了公共利益和他人合法权益，发生纠纷。

凡是当地仍按土地改革时所确定的宅基地所有权改变为使用权的，该宅基地的使用权不变；凡是当地的宅基地已经统一规划过的，按规划后确定的宅基地使用权处理。未经统一规划的宅基地，如果经查明原因，四至明确的，应以四至为准；四至不明确的，可按照长期以来的实际使用情况，本着有利生产、方便生活的原则合情合理地解决。

数人对同一块宅基地共同享有使用权，处分宅基地使用权时，应征得共同享有使用权的全体人的同意。一方未经全体共同使用人同意而擅自占用该宅基地，侵犯了其他共同使用人利益的，在调解时，应依法保护其他共有人的利益，说服擅自占用者，按照全体共同使用人协商一致的意见办理。如果一方在建房时对方明知而未提出异议的，若不妨碍他人和公共利益，可以依法继续使用。对于因分家析产而产生的共同使用宅基地纠纷，应根据家庭人口多少，按照当地规定的标准面积，当事人协商解决，协商不成的，建议提请村委会或上级管理机关划分。

相邻各方在其使用的宅基地上盖建或修建其他设施时，不得危害邻居的房屋或设施的安全，也不得侵害邻居的通风、采光、排水等相邻权。对于历史形成的通道、流水，宅基地使用权人不得擅自堵塞。若造成妨碍或损失的，应当停止侵害、排除妨碍、赔偿损失。

发现私自建房、违章建房、乱占土地等违法行为，应当对当事人进行严肃的批评教育，促使其认识错误，依法办事。农村和集镇居民由于买卖房屋而转移宅基地使用权的，应依法申请，经批准后生效。出卖、出租房屋后再申请宅基地的，不予准许。收归集体组织统一使用的宅基地，经乡镇、村集体组织分配给新的用户，原使用人不得以宅基地是祖遗或自己购买为由再要求使用。

【案例解析】

甲认为乙的围墙出檐超出了乙自己的滴水范围，侵犯了甲的土地使用权；乙认为甲西楼房的出檐超出了甲自己的滴水范围，同样侵犯了乙的土地使用权，但双方均不能提供证据证明自己宅基地的四至范围，据此应认定双方的宅基地使用权存在权属不清的情况，双方要求相互拆除滴水范围外出檐的纠纷，实质为在使用土地过程中的土地使用权争议。根据《中华人民共和国土地管理法》的相关规定，土地所有权和使用权争议，应由当事人协商解决，协商不成的，由人民政府处理。故本案中，双方关于要求拆除滴水范围外的出檐的请求，不属于人民法院的受案范围，对双方的该项请求，法院应裁定予以驳回。

【法条链接】

《中华人民共和国民法典》节选

第三百六十二条　宅基地使用权人依法对集体所有的土地享有占有和使用的权利，有权依法利用该土地建造住宅及其附属设施。

第四节　农村相邻关系制度

【案例导入】

甲乙相邻居住，甲居北，乙居南。被告乙于2001年左右兴建了西楼房，并将楼梯浇灌在两户西房滴水冲东段。乙所浇灌的楼梯，北沿与甲现有南山墙间距100厘米。同年乙支砌了北围墙，并经两户协商达成口头协议：乙户利用滴水冲西半部分，甲户利用滴水冲东半部分。由此乙在两户西房滴水冲西端建盖了一个简易厕所，多年来双方并无异议。2016年3月，乙在原浇灌楼梯以北约100厘米的滴水范围内架设了通往三楼的钢架楼梯，楼梯北侧直接固定在甲户的南山墙墙体上。为此，双方发生纠纷。经村、乡调解未果后，甲诉至法院，请求判令乙拆除架设在滴水冲内的钢架楼梯、修复甲户南山墙，并依法判令拆除建在双方滴水冲内的厕所。

【知识学习】

一、相邻关系基本法律制度

相邻权是由《中华人民共和国物权法》规定的从属于相邻土地、房屋的一种权利，是指不动产的所有人或使用人在处理相邻关系时所享有的权利，实质上是对不动产所有权或使用权的限制和延伸。相邻关系，是指两个或两个以上相互毗邻的不动产（土地、房屋）物权的所有人或使用人，在行使其不动产权利的过程中相互给予对方的一种便利或者对自己权利的限制，因而发生的权利义务关系。相邻各方在行使权利时，要为相邻的人提供便利，尊重他人的合法权益。

在农村，相邻关系纠纷往往是在由来已久的积怨基础上发生的。而原本和睦相处的邻里间也可能因相邻关系纠纷导致反目。

二、农村相邻关系纠纷的主要情形

农村相邻关系纠纷，是相邻不动产物权之间因通风、通行、采光、排水等问题而发生的纠纷。

（一）农村常见的相邻关系纠纷

1. 相邻通行和相邻地利用纠纷。例如：两侧田地应为中间田地提供通行便

利、为避险需在邻居门前通行、离婚分家后阻断另一方通行道路、因翻建房屋使用邻居院落和土地等引起的纠纷。

2. 公共用地使用纠纷。例如：在公共道路上抹墙、占用公共道路建房、在门口修坡道占用公共道路。

3. 相邻用水、排水纠纷。例如：承包地内的灌溉水渠损毁、厕所污染邻居井水、房檐滴水损害相邻房屋、养殖场所排水污染邻居用水等。

4. 相邻通风、采光、眺望、隐私权纠纷。例如：违法建设影响邻居采光通风、利用邻居山墙搭建房屋、在耕地南侧种树影响庄稼生长、建蔬菜大棚影响相邻耕地采光等。

5. 危及相邻建筑物安全纠纷。例如：挖沟不填埋导致邻居院墙倒塌、厕所坑陷影响他人房屋安全。

6. 建筑、树木越界纠纷。例如：在自己土地上建造建筑物，越过边界占了相邻土地；相邻一方在自己土地上种植树木等，其根系或者枝叶越界进入相邻另一方土地内。

7. 相邻污染侵害纠纷。例如：猪舍卫生条件极差造成污染、养殖场病菌传播。

（二）新农村建设过程中的新型相邻关系纠纷

1. 新村建设引发的相邻关系纠纷。例如：影响环境整洁的厕所、化粪池，硬化路面影响村民排水。

2. 农民住多层住宅后产生的新型相邻关系纠纷。例如：相邻住户擅自拓宽阳台护栏影响二楼安全、改变防盗门开启方向影响邻居出行、一楼歌厅噪声扰民、居民楼内养鸽子。

3. 农村工商业设施与农民之间的相邻关系纠纷。例如：电力公司因高压线建设已支付补偿又再遭索赔。

三、农村相邻权纠纷的处理

因相邻关系发生纠纷时，应从有利于有效合理地使用土地、房产，有利于生产和生活出发。例如：在处理地界纠纷时，如果原来地界模糊，就应当根据便于经营管理和有利于生产发展的原则，来确定新的地界线。

相邻各方都是平等的民事主体，谁也不能只行使权利，不履行义务。相邻一方不履行义务的，应承担民事责任；行使权利应在合理限度内。

土地、房产的所有人和使用人为实现土地使用价值的最大化、建筑物的方便、生活的舒适与安宁，一般都需要相邻不动产使用人提供方便与合作，也就是邻里之间的相互帮助和协作。

农村相邻关系要尊重历史形成的客观状况和先后顺序。如因情况发生变化，权衡利弊，确需对历史形成的客观状况作出改变的，必须向相邻一方合理赔偿损失。

相邻关系人共同使用自然水流时，应当保持水的自然流向，按照由高到低、由近到远的原则，合理分配和使用，任何一方不得擅自堵截流水，影响他方用水或排水。在水流充足时，低地段的相邻人不得堵水截流，使水倒流，影响高地段的正常排水。当水流不足时，高地段的相邻人不得独自控制水源，断绝低地段用水。相邻一方如有正当理由必须改变水的自然流向而影响他人利益时，应先征得对方同意，并适当补偿由此造成的损失。相邻一方在修建房屋或其他建筑设施时，不得使自己屋檐的滴水直接注于相邻人的建筑物上。一方违反常规，他方有权要求拆除有关障碍和赔偿损失。

相邻一方因自然条件所限，如其土地或建筑物在邻人土地或建筑物的包围之中，没有其他通道，必须通过邻人土地时，应当允许其通行。这种权利被称为相邻通行权。如因通行造成他人损失的，使用一方要给予赔偿。对于历史形成的公认的通道，土地所有人或占有人不得随意堵塞或者改道，如确实需要改道的，应征得相邻人同意。因堵塞通道影响他人生产、生活的，他人有权请求排除妨碍。但有条件另开通道的，也可以另开通道。

相邻一方因架设线路，埋设管道、电缆等，必须从他方的地上或地下通过，他方应当允许，使用人事后应清理现场，恢复原状。因此给他方造成损失的，应给予适当补偿。

在修建房屋或建筑物时，相互间应相隔一定距离，以免影响采光。相邻一方在其一侧栽种植物时，应与相邻人的土地、房屋保持适当的距离，以免影响对方植物的生长和房屋采光。当修建的房屋和其他建筑物存在妨碍邻居通风、采光时，邻居有权提出异议，请求采取避免阻风、遮光的措施。如邻居在修建时不提出异议，建筑完工后对新建建筑造成的通风、采光的妨碍，必须考虑到建筑物已形成的客观事实，只能请求赔偿损失，不能请求拆除建筑物来排除妨碍。

相邻关系人在修建厕所、烘干池、污水池、牲畜栏圈或堆放腐烂物、有毒物、放射性物质、易燃易爆物品、垃圾等时，应该与相邻人生活居住的场所保持一定的距离，或者采取必要的防护措施。对不履行上述环境保护和相邻关系义务的人，相邻人除有权请求排除妨害、赔偿损失外，对于情节严重、造成重大损失者，政府有关部门和司法机关可以依法予以行政处罚或刑事制裁。

相邻一方在其土地上营造建筑物或挖坑、挖沟等，应与相邻人建筑物保持一定距离，或采取必要的防险措施，以免危及相邻人的财产和人身安全。相邻地界上的道路、桥梁、水渠、界墙等共用设施，相邻关系人应共同使用，共同受益，共同养护。任何一方不得擅自改变其位置，或者据为己有，或者不承担养护义务。

【案例解析】

相邻各方应当按有利生产、方便生活的原则处好相邻关系。甲乙双方为合理利用滴水冲达成各利用一半的协议，未违反法律规定，且双方一直照此执行，应予支持。但双方在利用滴水冲的同时，首先要保障排滴水的畅通，同时对对方的财产不能形成妨碍。乙在滴水冲西端所建之厕所系简易建筑，且对甲并无大的影响，在保证双方排水畅通的情况下可以保留现状。但乙为自家方便在双方西房滴水冲东段架设的钢架楼梯系永久性建筑，对甲的南山墙造成较大妨碍，亦对甲户造成安全隐患，应予拆除为宜。由被告拆除架设在双方西房间滴水冲内的钢架楼梯，同时驳回原告的其他诉讼请求。

【法条链接】

《中华人民共和国民法典》节选

第二百八十八条　不动产的相邻权利人应当按照有利生产、方便生活、团结互助、公平合理的原则，正确处理相邻关系。

第二百八十九条　法律、法规对处理相邻关系有规定的，依照其规定；法律、法规没有规定的，可以按照当地习惯。

第二百九十条　不动产权利人应当为相邻权利人用水、排水提供必要的便利。

对自然流水的利用，应当在不动产的相邻权利人之间合理分配。对自然流水的排放，应当尊重自然流向。

第二百九十一条　不动产权利人对相邻权利人因通行等必须利用其土地的，应当提供必要的便利。

第二百九十二条　不动产权利人因建造、修缮建筑物以及铺设电线、电缆、水管、暖气和燃气管线等必须利用相邻土地、建筑物的，该土地、建筑物的权利人应当提供必要的便利。

第二百九十三条　建造建筑物，不得违反国家有关工程建设标准，不得妨碍相邻建筑物的通风、采光和日照。

第二百九十四条　不动产权利人不得违反国家规定弃置固体废物，

排放大气污染物、水污染物、土壤污染物、噪声、光辐射、电磁辐射等有害物质。

第二百九十五条　不动产权利人挖掘土地、建造建筑物、铺设管线以及安装设备等，不得危及相邻不动产的安全。

第二百九十六条　不动产权利人因用水、排水、通行、铺设管线等利用相邻不动产的，应当尽量避免对相邻的不动产权利人造成损害。

第五节　农村征地拆迁制度

【案例导入】

甲乙同属A县B镇C村六社村民。2013年，B镇政府实施东海湿地综合治理工程，征收了C村六社23.01亩承包地，按照每亩30000元进行补偿，补偿总金额为690300元。2013年1月27日，C村六社召开村民大会，对补偿款分配形成决议，在扣除养鱼户的管理费46710元后，剩余的643590元按照原来承包到户时的户数、人口分配(37户、221人)，同时明确"涉及进退田农户自行协商处理"。甲户当时人口有3人，应分补偿款为8736.51元。在领取补偿款时，乙称其曾得甲户0.25亩承包地，甲应当支付6480元给乙，甲请村干部将补偿款中的6480元交给乙妻。之后，甲认为乙的说法不实，两户之间没有发生过进退承包地关系，不应当支付给乙6480元，甲同时提出双方诉争的0.25亩旱地自己未管理耕种，应退给本村的另外两户，不应退给乙。另外，1984年，甲乙双方诉争的位于"龙翔坝"的旱地两块合计0.25亩，甲已退给乙管理耕种。因与乙索要6480元无果，甲诉至法院，请求判令乙返还6480元。

【知识学习】

一、农村征地拆迁基本法律制度

农村征地拆迁行为包括土地征收、征用和拆迁房屋及其不动产两个阶段。征地，是国家因为社会公共利益之需要，依据法律的规定对集体所有的土地实行征收或征用并给土地所有权人、使用权人以补偿的行为。征地行为既包括将原土地所有权收归国有的土地征收行为，也包括只改变使用权的土地征用行为。

如果土地上没有房屋等建筑物，征地行为不包括房屋拆迁行为。

房屋拆迁，是为了社会公共利益的需要，国家依照法律对依附于土地上的房屋予以拆除，并给予房屋所有权人、使用权人以补偿的活动总称。拆迁行为依土地性质不同分为农村和城市房屋拆迁行为，本书主要指农村集体土地上的房屋拆迁行为，故又称农村房屋拆迁行为。

二、征地补偿费的内容和计算方式

1. 征地补偿费，是国家建设征收土地时，按照被征收土地的原用途给予被征地单位补偿的各项费用，是指土地补偿费、安置补助费、地上附着物和青苗补偿费的总和。征收土地的各项费用应当在自征地补偿、安置方案批准之日起3个月内全额支付。

（1）土地补偿费。因国家征收土地对土地所有者在土地上的投入和收益造成的损失的补偿，补偿的对象是土地所有权人。

（2）安置补助费。安置补助费，是指国有建设征收农民集体土地后，为了解决以土地为主要生产资料并取得生活来源的农业人口因失去土地造成生活困难所给予的补助费用。

（3）青苗补偿费。青苗补偿费，是指征收土地时，对被征收土地上生长的农作物，如水稻、小麦、玉米、土豆、蔬菜等造成损失所给予的一次性经济补偿费用。

青苗补偿费的标准由各省、自治区、直辖市规定。通常，一般农作物的青苗补偿费的标准最高按一季产值计算，如果是播种不久或投入较少，也可以按一季产值的一定比例计算。

（4）地上附着物补偿费。地上附着物补偿费，是指对被征收土地上的各种地上建筑物、构筑物，如房屋、水井、道路、管线、水渠等以及拆迁和恢复费、被征收土地上林木的补偿或者砍伐费等。计算地上附着物补偿费，以拆什么补偿什么，拆多少补偿多少，并且不低于原有水平为原则。

（5）其他补偿费。其他补偿费，是指除土地补偿费、地上附着物补偿费、青苗补偿费、安置补助费以外的其他补偿费用，即因征收土地给被征收土地单位和农民造成的其他方面损失而支付的费用，如水利设施恢复费、误工费、搬迁费、基础设施恢复费等。

2. 农村征地拆迁纠纷，是指国家为了公共利益的需要，依照法律规定的权限和程序，征收农村集体所有的土地和单位、个人的房屋及其他不动产而发生的纠纷。

农村征地拆迁纠纷主要有以下情形：

1. 安置补偿资格认定纠纷；
2. 土地和房屋面积计算纠纷；
3. 土地、房屋交付与拆除纠纷；
4. 耕地补偿费纠纷和安置补偿费分配纠纷。

三、认定村民资格的依据

法律规定土地补偿费归农村集体经济组织所有，所以有权参与分配的也只能是集体经济组织成员。认定的依据一般应以户籍为原则，但户籍又不是唯一依据，需要综合考虑以下因素：

1. 须以合法取得本村户籍为前提条件。
2. 以从事农业生产为主要生活来源。
3. 必须在本村有居所，并与集体经济组织保持稳定的成员关系。
4. 为集体经济组织的财产积累和经济发展尽过一定义务。
5. 农村几类特殊主体收益分配权的认定：

（1）农村出嫁女。承包期内，妇女婚后在新居住地未取得承包地的，发包方不得收回其原承包地；妇女离婚或者丧偶，仍在原居住地生活或者不在原居住地生活但在新居住地未取得承包地的，发包方不得收回其原承包地。

（2）外出当兵人员。农民去服兵役，从法律关系层面看，只是暂离开了原集体经济组织，但其性质仍然是原集体经济组织成员。因而凡是在部队服役的农业户口义务兵，享受同其余集体经济组织成员相同的权利，即享有征地补偿费的分配权。

（3）户口外迁的在校大中专学生。因在大中专院校就读而将户口迁出，其父母仍以集体经济组织的基本生产资料为经济生活保障，为确保其安心学习并供给其所必要的生活费用，应当认定其具有分配资格。

（4）新生儿。民事权利能力始于出生。对于新生儿，只要能够确认征地补偿费产生于新生儿出生之后，就应当认定新生儿的分配资格。

（5）死亡人员。死亡人员由于丧失了民事主体资格，不能成为征地补偿费的分配对象。但有两种情况例外：①该人员的死亡时间是在已经将其列为征地安置补偿对象后，死亡人员应该享有分得安置补偿款的权利，其所得收益由继承人继承；②在土地被承包期间，承包人死亡的，如果属于承包人依法应当享有的关于承包土地使用、收益和土地承包经营权、流转权以及承包地依法被征收、占用后所获得相应补偿所产生的收益，承包人的继承人可以依法继承。

【案例解析】

在民事诉讼中，当事人对自己的主张有责任提供证据，没有证据或证据不足以证明自己的主张，将承担举证不利的法律后果。承包地被征收的，土地承包经营权人有权获得相应的补偿。本案中，B镇政府实施东海湿地综合治理，征收了C村六社的承包地，并进行了征地补偿。C村委会组织C村六社召开村民大会，对征地补偿款的分配形成了决议，按照原来承包到户的户数和人口分配，共37户、221人，同时明确"涉及进退田农户自行协商处理"。按照分配决议，甲户原承包人口有3人，应分8736.51元。1984年，甲乙诉争的位于"龙翔坝"的旱地两块合计0.25亩，甲已退给乙管理耕种，甲将所领取的补偿款中的6480元支付给乙。诉讼中，甲未提供有效证据证明诉争土地未退给乙而退给同村另外两户村民，而乙所提供的证据和本院依职权调取的证据证明双方诉争的土地已由甲退给乙，乙有权获得该款。综上所述，甲提出要求乙返还所支付征地补偿款的诉讼请求，无证据证明，法院不予支持，驳回了甲的诉讼请求。

【法条链接】

《中华人民共和国农村土地承包法》节选

第十三条　农民集体所有的土地依法属于村农民集体所有的，由村集体经济组织或者村民委员会发包；已经分别属于村内两个以上农村集体经济组织的农民集体所有的，由村内各该农村集体经济组织或者村民小组发包。村集体经济组织或者村民委员会发包的，不得改变村内各集体经济组织农民集体所有的土地的所有权。

国家所有依法由农民集体使用的农村土地，由使用该土地的农村集体经济组织、村民委员会或者村民小组发包。

第十六条　家庭承包的承包方是本集体经济组织的农户。农户内家庭成员依法平等享有承包土地的各项权益。

第十七条　承包方享有下列权利：

（一）依法享有承包地使用、收益和土地承包经营权流转的权利，有权自主组织生产经营和处置产品；

（二）依法互换、转让土地承包经营权；

（三）依法流转土地经营权；

（四）承包地被依法征收、征用、占用的，有权依法获得相应的补偿；

（五）法律、行政法规规定的其他权利。

第十八条　承包方承担下列义务：

（一）维持土地的农业用途，不得用于非农建设；

（二）依法保护和合理利用土地，不得给土地造成永久性损害；

（三）法律、行政法规规定的其他义务。

第二十条　耕地的承包期为三十年。草地的承包期为三十年至五十年。林地的承包期为三十年至七十年；前款规定的耕地承包期届满后再延长三十年，草地、林地承包期届满后依照前款规定相应延长。

《中华人民共和国土地管理法》节选

第三十条　国家保护耕地，严格控制耕地转为非耕地。

国家实行占用耕地补偿制度。非农业建设经批准占用耕地的，按照"占多少，垦多少"的原则，由占用耕地的单位负责开垦与所占用耕地的数量和质量相当的耕地；没有条件开垦或者开垦的耕地不符合要求的，应当按照省、自治区、直辖市的规定缴纳耕地开垦费，专款用于开垦新的耕地。

省、自治区、直辖市人民政府应当制定开垦耕地计划，监督占用耕地的单位按照计划开垦耕地或者按照计划组织开垦耕地，并进行验收。

《云南省土地管理条例》节选

第十九条　建设需要征用农民集体土地的，由县级以上人民政府土地行政主管部门会同建设单位，拟定征地补偿、安置方案，并听取被征地的农村集体经济组织和农民的意见。

征地补偿、安置方案应当列入建设项目用地预审内容。征地补偿、安置方案随征用土地方案批准之后，由被征用土地所在地的市、县人民政府在 15 日内公告征地补偿、安置方案并组织实施。被征用土地的所有权人、使用权人应当在公告规定的期限内，持土地权属证件到当地县级人民政府土地行政主管部门办理征地补偿登记。

第二十三条　征用土地的土地补偿费标准为：

（一）征用菜地、水田按照该耕地被征用前三年平均年产值（下同）的 8—10 倍补偿，水浇地、园地、藕塘按照 7—9 倍补偿，望天田、旱地按照 6—8 倍补偿，轮歇地按照 6 倍补偿，牧草地、渔塘按照

3—5 倍补偿；

（二）征用种植 3 年以下新开垦耕地，按照上年产值的 2 倍补偿，并补偿开发投资；

（三）征用宅基地、打谷场、晒场等生产、生活用地，按照原土地类别补偿；

（四）划拨国有农场、林场、牧场、渔场土地的补偿标准，按照本款（一）、（二）、（三）项的规定办理。

征用、划拨林地的补偿标准按照国家有关规定办理。

第二十四条　征用土地的安置补助费标准为：

（一）被征地单位人均耕地在 666.7 平方米以上的，安置补助费总额为被征用耕地前三年平均年产值（下同）的 4 倍；人均耕地在 666.7 平方米以下的，每减少 50 平方米，增加年产值的 1 倍；被征用耕地的安置补助费总额最高不得超过被征用前三年平均年产值的 15 倍。

（二）征用园地、藕塘的安置补助费，为该地、塘年产值的 6 倍；

（三）征用渔塘的安置补助费，为该地年产值的 4 倍；

（四）划拨国有农场、林场、牧场、渔场土地的安置补助费，为该地年产值的 5 倍；

（五）征用集体的宅基地、建设用地、打谷场、晒场、新开垦 3 年以下的种植地的，为原土地类别年产值的 4 倍。

第二十五条　依照本条例第二十三条、第二十四条的规定支付土地补偿费和安置补助费，尚不能保持群众原有生活水平，特别是征地后人均耕地不足 116.7 平方米的，经省人民政府批准，可以适当增加安置补助费。但是，土地补偿费和安置补助费的总和不得超过被征用土地前三年平均年产值的 30 倍。

第二十六条　征用土地上有附着物的，按照下列标准支付补偿费：

（一）被征用土地上有青苗的，一般不得铲除，确需铲除时，按照当季一茬实际产值补偿；

（二）被征用土地上的房屋、设施需要拆迁的，采取产权调换、作价补偿或者产权调换和作价补偿相结合的形式进行补偿。产权调换的面积按照所拆房屋的建筑面积计算。作价补偿的金额按照所拆房屋建筑面积的重置价格结合成新计算；

（三）被征用土地上的坟墓拆迁、零星树木（包括果树）的补偿标准，由州、市人民政府、地区行政公署规定；

（四）征用打谷场、晒场应当补偿建场成本费。

土地行政主管部门发出征地通知后种植或者建造的地上附着物和地下设施，不予补偿；在非法占用土地上建设的建筑物和其他设施，不予补偿。

第二十七条　征用城市郊区菜地的，应当缴纳新菜地开发建设基金，由州、市、县人民政府，地区行政公署统一管理，专款用于新开发菜地。昆明市西山区、官渡区每平方米缴纳30元；昆明市各县（含东川区）、曲靖市、玉溪市、县级市和州人民政府、地区行政公署所在地的镇每平方米缴纳22.5元；其他县每平方米缴纳15元。

第二十八条　经批准征用集体耕地的，按照征用面积调减农业税和合同订购粮。征用土地时，未收获当年作物的，当年调减；已收获的下年调减。

第二十九条　征用土地的各项补偿费和安置补助费，除被征土地上属于个人的附着物和青苗补偿费以及自谋职业人员的安置补助费付给本人外，其余费用归被征地单位集体所有，专款用于被征地单位发展生产和安排多余劳动力就业以及不能就业人员的生活补助，任何单位和个人不得侵占或者挪用。

第三十条　因征用土地造成多余劳动力的，主要通过发展农副业生产和举办乡、村企业等途径加以安置，也可以安排符合条件的人员到有安置条件的用地单位或者其他单位就业，并将相应的安置补助费转拨给吸收劳动力的单位。自谋职业人员的安置补助费，按本条例第二十九条规定办理，不再对其安置。征用土地的农业人口转为非农业人口的办法，由省人民政府制定。

第三十一条　建设项目施工和地质勘查以及其他需要临时使用国有或者集体所有土地的，应当在申请报批建设项目用地时提出申请，由批准建设项目用地的人民政府土地行政主管部门批准；单独申请临时使用土地的，占用非耕地的由县级人民政府土地行政主管部门批准；占用耕地的由州、市人民政府、地区行政公署土地行政主管部门批准，占用基本农田的由省人民政府土地行政主管部门批准。其中，在城市规划区内的临时用地，在报批前，应当先经有关城市建设行政主管部门同意。

临时使用土地的使用者应当按照批准临时使用土地的用途使用土地，并不得修建永久性建筑物。

临时使用土地期限一般不超过二年。确需超过二年的，应当重新办理临时用地使用审批手续。

第三十二条　依照《土地管理法》第五十八条第一款（一）、（二）项规定收回国有土地使用权的补偿，以有偿方式取得国有土地使用权的，按照合同约定的土地使用年限扣除已使用年期的有偿使用费后，剩余费用退还给原土地使用者。

第六章 农民劳动权益的法律保障

第一节 劳动合同

【案例导入】

甲系进城务工农民，甲与同村村民来到一建筑公司，决定在这里打工。到了用人单位后，负责人很快为甲分配好工作，并告知甲三天后来签劳动合同。但甲自己也看不懂合约，便想与用人单位协商能否以口头的形式与用人单位签订劳动合同。三天后，甲来到用人单位签订劳动合同，发现劳动合同中有一个条款规定劳动者"工伤自理"。

【知识学习】

一、劳动合同一般规定

（一）劳动合同格式要求

劳动合同是劳动者与用人单位确立劳动关系、明确双方权利和义务的协议。劳动合同是双方维护各自合法权益的法律保障，是农民工在求职路上的"护身符"，用人单位招收农民工同样要与农民工签订劳动合同。订立劳动合同应当采取书面形式，劳动合同应当具备以下条款：

1. 用人单位的名称、住所和法定代表人或者主要负责人；
2. 劳动者的姓名、住址和居民身份证或者其他有效身份证件号码；
3. 劳动合同期限；
4. 工作内容和工作地点；
5. 工作时间和休息休假；
6. 劳动报酬；

7. 社会保险；

8. 劳动保护、劳动条件和职业危害防；

9. 法律、法规规定应当纳入劳动合同的其他事项。

（二）劳动合同无效的情形

1. 以欺诈、胁迫的手段或者乘人之危，使对方在违背真实意思的情况下订立或者变更劳动合同的；

2. 用人单位免除自己的法定责任、排除劳动者权利的；

3. 违反法律、行政法规强制性规定的。

（三）劳动合同的解除

用人单位有下列情形之一的，劳动者可单方解除劳动合同：

1. 未按照劳动合同约定提供劳动保护或者劳动条件的；

2. 未及时足额支付劳动报酬的；

3. 未依法为劳动者缴纳社会保险费的；

4. 用人单位的规章制度违反法律、法规的规定，损害劳动者权益的；

5. 因《中华人民共和国劳动合同法》（以下简称"劳动合同法"）第二十六条第一款的情形致使劳动合同无效；

6. 法律、行政法规规定劳动者可以解除劳动合同的其他情形

7. 用人单位以暴力、威胁或者非法限制人身自由的手段强迫劳动者劳动的，或者用人单位违章指挥、强令冒险作业危及劳动者人身安全的，劳动者可以立即解除劳动合同，不需事先告知用人单位。

劳动者有下列情形之一的，用人单位可单方解除劳动合同：

1. 在试用期间被证明不符合录用条件的；

2. 严重违反用人单位的规章制度的；

3. 严重失职，营私舞弊，给用人单位造成重大损害的；

4. 劳动者同时与其他用人单位建立劳动关系，对完成本单位的工作任务造成严重影响，或者经用人单位提出，拒不改正的；

5. 因劳动合同法第二十六条第一款第一项规定的情形致使劳动合同无效的；

6. 被依法追究刑事责任的。

用人单位有以下情形，迫使劳动者提出解除劳动合同，用人单位应当支付劳动报酬和经济补偿金，并可支付赔偿金：

1. 以暴力、威胁或者非法限制人身自由的手段强迫劳动的；

2. 未按照劳动合同约定支付劳动报酬或者提供劳动条件的；

3. 克扣或者无故拖欠劳动者工资的；

4. 拒不支付劳动者延长工作时间工资报酬的；

5. 低于当地最低工资标准支付劳动者工资的。

二、农村劳动合同纠纷常见情形

1. 用人单位不与劳动者签订劳动合同。例如：口头签订劳动协议。

2. 劳动合同无效或部分无效。例如：劳动合同中存在"工伤概不负责"条款。

3. 使用劳务派遣合同代替签订劳动合同。例如：将劳动者劳动合同分为若干个劳务派遣合同，以劳务形式掩盖劳动实质。

4. 用人单位与劳动者签订押金合同。例如：用人单位签订合同时收取保证金、押金等费用。一旦农民工稍有违反管理行为，用人单位就扣押保证金。

【案例解析】

劳动合同是确立用人单位与劳动者之间权利义务关系的协议，用人单位招收农民工也需要同农民工签订劳动合同。建立劳动关系必须签订劳动合同，并且签订劳动合同应当订立书面形式，这样才能更好地维护自身的合法权益，农民工在签订劳动合同之前，应审查用人单位是否具备用人资质，并查看用人单位是否有营业执照，是否有年审记录等。因此案例中，甲应当与用人单位签订书面的劳动合同，书面劳动合同应当包含法律规定的相关内容。在现实生活中，用人单位为逃避责任，往往不与农民工签订书面劳动合同，当出现该情况时，农民工可向劳动社会保障行政主管部门投诉，由劳动保障监察部门责令用人单位限期改正。案例中的劳动合约的"工伤自理"条款属于无效条款。依据劳动合同法第二十六条规定，属于劳动合同无效情形之一，因此面对这样的条款时，劳动者应当拒绝签订，如已签订，可向当地劳动仲裁委提出仲裁申请，确认该条款无效。

【法条链接】

《中华人民共和国安全生产法》节选

第四十九条　生产经营单位与从业人员订立的劳动合同，应当载明有关保障从业人员劳动安全、防止职业危害的事项，以及依法为从业人员办理工伤保险的事项。生产经营单位不得以任何形式与从业人员订立协议，免除或者减轻其对从业人员因生产安全事故伤亡依法应承担的责任。

《中华人民共和国劳动合同法》节选

第九条　用人单位不得扣押劳动者证件和要求提供担保。

用人单位招用劳动者，不得扣押劳动者的居民身份证和其他证件，不得要求劳动者提供担保或者以其他名义向劳动者收取财物。

第八十二条　不订立书面劳动合同的法律责任。

用人单位自用工之日起超过一个月不满一年未与劳动者订立书面劳动合同的，应当向劳动者每月支付二倍的工资。用人单位违反本法规定不与劳动者订立无固定期限劳动合同的，自应当订立无固定期限劳动合同之日起向劳动者每月支付二倍的工资。

《中华人民共和国劳动法》节选

第七十九条　劳动争议发生后，当事人可以向本单位劳动争议调解委员会申请调解；调解不成，当事人一方要求仲裁的，可以向劳动争议仲裁委员会申请仲裁。当事人一方也可以直接向劳动争议仲裁委员会申请仲裁。对仲裁裁决不服的，可以向人民法院提起诉讼。

《最高人民法院关于审理劳动争议案件适用法律若干问题的解释（二）》节选

第七条　下列纠纷不属于劳动争议：

（一）劳动者请求社会保险经办机构发放社会保险金的纠纷；

（二）劳动者与用人单位因住房制度改革产生的公有住房转让纠纷；

（三）劳动者对劳动能力鉴定委员会的伤残等级鉴定结论或者对职业病诊断鉴定委员会的职业病诊断鉴定结论的异议纠纷；

（四）家庭或者个人与家政服务人员之间的纠纷；

（五）个体工匠与帮工、学徒之间的纠纷；

（六）农村承包经营户与受雇人之间的纠纷。

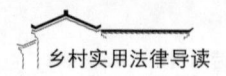

第二节 工资报酬追索

【案例导入】

甲为 A 村村民，为解决生计问题，甲与同村众多村民进 B 城务工。由于甲文化水平有限，城里好多工作做不了，只好与老乡来到丙的建筑工地工作。该建设项目由乙建筑公司承建，丙从乙建筑公司承接部分工程项目，乙建筑公司向丙支付工程价款。丙在工程价款足以支付工人工资的情况下仍拖欠甲在内的全部工人工资。甲等多名工人遂向 B 地劳动监察大队投诉，B 城劳动监察大队向丙下达限期改正指令书，责令丙限期内足额支付所欠工人工资，但至限期支付令到期，丙仍未按要求支付所欠工人工资。丙行为涉嫌拒不支付劳动报酬罪，被公安机关立案调查。

【知识学习】

一、工资报酬相关概念

工资是指用人单位依据劳动合同的规定，以各种形式支付给劳动者的工资报酬。工资应当以法定货币按月支付，不得以实物及有价证券替代货币支付，应将工资支付给劳动者本人。

二、工资支付的一般规定

（一）工资支付要求

1. 用人单位必须书面记录支付劳动者工资的数额、时间、领取者的姓名以及签字，并保存两年以上备查；

2. 工资必须在用人单位与劳动者约定的日期支付，如遇节假日或休息日，则应提前在最近的工作日支付；

3. 劳动关系双方依法解除或终止劳动合同时，用人单位应在解除或终止劳动合同时一次付清劳动者工资；

4. 劳动者在法定工作时间内依法参加社会活动期间，以及劳动者依法享受年休假、探亲假、婚假、丧假期间，用人单位应支付劳动者工资；

5. 劳动者试用期的工资不得低于本单位同岗位最低档工资或者劳动合同约

定工资的 80% ，且不得低于用人单位所在地的最低工资标准；

6. 用人单位拖欠或者未足额支付劳动报酬的，劳动者可以依法向当地人民法院申请支付令。

（二）加班工资支付要求

1. 用人单位依法安排劳动者在法定标准工作日时间以外延长工作时间的，按照不低于劳动合同规定的劳动者本人小时工资标准的 150% 支付劳动者工资。

2. 用人单位依法安排劳动者在休息日工作，而又不能安排补休的，按照不低于劳动合同规定的劳动者本人日或小时工资标准的 200% 支付劳动者工资。

3. 用人单位依法安排劳动者在法定休假节日工作的，按照不低于劳动合同规定的劳动者本人日或小时工资标准的 300% 支付劳动者工资。

4. 实行计件工资的劳动者，在完成计件定额任务后，由用人单位安排延长工作时间的，分别按照不低于劳动者法定工作时间计件单价的 150% 、 200% 、 300% 支付其工资。

5. 经劳动行政部门审批后实行综合计算工时工作制的，其综合计算工作时间超过法定标准工作时间的部分，应视为延长工作时间，应按规定支付劳动者延长工作时间的工资。实行不定时工时制度的劳动者，不受《中华人民共和国劳动法》（以下简称"劳动法"）第四十一条规定的日延长工作时间标准和月延长工作时间标准的限制，但用人单位应采用弹性工作时间和方式，确保职工休息休假和生产任务的完成。

三、用人单位工资代扣项目

1. 用人单位代扣代缴的个人所得税；
2. 用人单位代扣代缴的应由劳动者个人负担的各项社会保险费用；
3. 法院判决、裁定中要求代扣的抚养费、赡养费；
4. 法律、法规规定可以从劳动者工资中扣除的其他费用。

四、农民工工资纠纷常见表现形式

1. 克扣或者无故拖欠农民工工资；
2. 拒不支付农民工延长工作时间的加班工资；
3. 低于当地最低工资标准支付农民工工资；
4. 以其他实物代替工资支付给农民工。

【案例解析】

本案例中，丙某违反劳动法相关规定。企业应当依据劳动合同约定的农民

工工资标准等内容，按照劳动合同约定的时间按月支付劳动者报酬，并且应当将工资直接发放给农民工本人，严禁将工资发放给包工头等人。本案中的甲可向用人单位所在地的劳动社会保障部门反映此事，若还是出现企业拒付工资的情形，劳动部门有权责令企业限期改正，同时处以罚款。若给员工造成损失，影响其再就业等，企业还应承担相应赔偿责任。甲也可直接向劳动争议仲裁委员会提起仲裁，要求纠正企业错误。

【法条链接】

《建设领域农民工工资支付管理暂行办法》节选

十、业主或工程总承包企业未按合同约定与建设工程承包企业结清工程款，致使建设工程承包企业拖欠农民工工资的，由业主或工程总承包企业先行垫付农民工被拖欠的工资，先行垫付的工资数额以未结清的工程款为限。

十一、企业因被拖欠工程款导致拖欠农民工工资的，企业追回的被拖欠工程款，应优先用于支付拖欠的农民工工资。

十二、工程总承包企业不得将工程违反规定发包、分包给不具备用工主体资格的组织或个人，否则应承担清偿拖欠工资连带责任。

《工资支付暂行规定》节选

第十六条 因劳动者本人原因给用人单位造成经济损失的，用人单位可按照劳动合同的约定要求其赔偿经济损失。经济损失的赔偿，可从劳动者本人的工资中扣除。但每月扣除的部分不得超过劳动者当月工资的20%。若扣除后的剩余工资部分低于当地月最低工资标准，则按最低工资标准支付。

第十七条 用人单位应根据本规定，通过与职工大会、职工代表大会或者其他形式协商制定内部的工资支付制度，并告知本单位全体劳动者，同时抄报当地劳动行政部门备案。

第十九条 劳动者与用人单位因工资支付发生劳动争议的，当事人可依法向劳动争议仲裁机关申请仲裁。对仲裁裁决不服的，可以向人民法院提起诉讼。

《对〈工资支付暂行规定〉有关问题的补充规定》节选

1. 《规定》第十三条第（一）、（二）、（三）款规定的符合法定标准工作时间的制度工时以外延长工作时间及安排休息日和法定休假节日工作应支付的工资，是根据加班加点的多少，以劳动合同确定的正常工作时间工资标准的一定倍数所支付的劳动报酬，即凡是安排劳动者在法定工作日延长工作时间或安排在休息日工作而又不能补休的，均应支付给劳动者不低于劳动合同规定的劳动者本人小时或日工资标准 150%、200% 的工资；安排在法定休假节日工作的，应另外支付给劳动者不低于劳动合同规定的劳动者本人小时或日工资标准 300% 的工资。

2. 关于劳动者日工资的折算。由于劳动定额等劳动标准都与制度工时相联系，因此，劳动者日工资可统一按劳动者本人的月工资标准除以每月制度工作天数进行折算。

根据国家关于职工每日工作 8 小时，每周工作时间 40 小时的规定，每月制度工时天数为 21.5 天。考虑到国家允许施行每周 40 小时工时制度有困难的企业最迟可以延期到 1997 年 5 月 1 日施行，因此，在过渡期内，实行每周 44 小时工时制度的企业，其日工资折算可仍按每月制度工作天数 23.5 天执行。

第三节 工伤认定

【案例导入】

甲系 A 村农民，乙煤矿企业为 B 地企业。甲于 2012 年 9 月到乙煤矿企业工作，工种为井下采煤工，双方未签订书面劳动合同，甲工作期间乙企业未依法为其缴纳工伤保险费。2013 年 1 月 28 日，甲在井下作业时被落石砸中后背致伤，并于当日被送到医院住院治疗。2013 年 7 月 17 日，甲向 B 地劳动人事争议仲裁委员会申请仲裁，裁决认定甲与乙企业存在劳动关系。经甲申请，B 地人社局作出甲所受的伤属于工伤的认定。

【知识学习】

一、工伤相关概念

工伤是指职工在工作时间和工作地点，因工负伤的情形。

（一）工伤认定的一般规定

1. 在工作时间和工作场所内，因工作原因受到事故伤害的；

2. 工作时间前后在工作场所内，从事与工作有关的预备性或者收尾性工作受到事故伤害的；

3. 在工作时间和工作场所内，因履行工作职责受到暴力等意外伤害的；

4. 患职业病的；

5. 因工外出期间，由于工作原因受到伤害或者发生事故下落不明的；

6. 在上下班途中，受到非本人主要责任的交通事故或者城市轨道交通、客运轮渡、火车事故伤害的；

7. 在工作时间和工作岗位，突发疾病死亡或者在 48 小时之内经抢救无效死亡的；

8. 在抢险救灾等维护国家利益、公共利益活动中受到伤害的；

9. 职工原在军队服役，因战、因公负伤致残，已取得革命伤残军人证，到用人单位后旧伤复发的；

10. 法律、行政法规规定应当认定为工伤的其他情形。

（二）不能认定为工伤的情形

1. 故意犯罪的；

2. 醉酒或者吸毒的；

3. 自残或者自杀的。

二、工伤待遇

（一）职工因工致残被鉴定为一级至四级伤残的，保留劳动关系，退出工作岗位，享受以下待遇

1. 支付一次性伤残补助金，标准为：一级伤残为 27 个月的本人工资，二级伤残为 25 个月的本人工资，三级伤残为 23 个月的本人工资，四级伤残为 21 个月的本人工资；

2 按月支付伤残津贴，标准为：一级伤残为本人工资的 90%，二级伤残为本人工资的 85%，三级伤残为本人工资的 80%，四级伤残为本人工资的 75%；

3. 工伤职工达到退休年龄并办理退休手续后，停发伤残津贴，按照国家规

定享受基本养老保险待遇，基本养老保险待遇低于伤残津贴的由工伤保险基金补足差额；

4. 职工因工致残被鉴定为一级至四级伤残的，由用人单位和职工个人以伤残津贴为基数，缴纳基本医疗保险费。

（二）职工因工致残被鉴定为五级、六级伤残的，享受以下待遇

1. 支付一次性伤残补助金，标准为：五级伤残为 18 个月的本人工资，六级伤残为 16 个月的本人工资。

2. 保留与用人单位的劳动关系，由用人单位安排适当工作。难以安排工作的，由用人单位按月发给伤残津贴，标准为：五级伤残为本人工资的 70%，六级伤残为本人工资的 60%，并由用人单位按照规定为其缴纳应缴纳的各项社会保险费。伤残津贴实际金额低于当地最低工资标准的，由用人单位补足差额。

3. 经工伤职工本人提出，该职工可以与用人单位解除或者终止劳动关系，由工伤保险基金支付一次性工伤医疗补助金，由用人单位支付一次性伤残就业补助金。

（三）职工因工致残被鉴定为七级至十级伤残的，享受以下待遇

1. 支付一次性伤残补助金，标准为：七级伤残为 13 个月的本人工资，八级伤残为 11 个月的本人工资，九级伤残为 9 个月的本人工资，十级伤残为 7 个月的本人工资；

2. 劳动、聘用合同期满终止，或者职工本人提出解除劳动、聘用合同的，由工伤保险基金支付一次性工伤医疗补助金，由用人单位支付一次性伤残就业补助金。

（四）工伤认定申请应当提交下列材料

1. 工伤认定申请表；

2. 与用人单位存在劳动关系（包括事实劳动关系）的证明材料；

3. 医疗诊断证明或者职业病诊断证明书（或者职业病诊断鉴定书）。

工伤认定申请表应当包括事故发生的时间、地点、原因以及职工伤害程度等基本情况。工伤认定申请人提供材料不完整的，社会保险行政部门应当一次性书面告知工伤认定申请人需要补正的全部材料。申请人按照书面告知要求补正材料后，社会保险行政部门应当受理。

三、农村工伤纠纷常见情形

1. 因工伤认定困难引发的纠纷。例如：职工在工作时间因私人原因受到暴力伤害是否认定为工伤等。

2. 提供劳动关系证明困难，导致工伤难以认定。例如：农民工很少签订劳动合同，甚至用人单位很少直接将工资发放给农民工，造成举证劳动关系困难。

3. 农民工因法律知识欠缺，使用过激手段维权。例如：使用暴力方式或"闹访"方式维权。

4. 普遍存在工伤私了的情形。例如：农民工发生工伤事故后，工地为息事宁人往往采取私了的方式。

【案例解析】

依据《工伤保险条例》等相关法律、法规的规定，工伤须具备以下四个条件，劳动者与用人单位存在劳动关系（包含事实劳动关系）、劳动者是在工作时间、工作场所内、因工作原因受到事故伤害。本案例中，甲与乙企业虽然未签订书面劳动合同，但甲事实上为乙企业工作，二者之间形成了事实劳动关系。并且甲是在井下采煤的时候被落石砸中后背致伤，符合在工作时间、工作场所、因工致伤的要件。因此，甲所受的伤属于工伤。依据《工伤保险条例》规定应当参加工伤保险而未参加工伤保险的用人单位职工发生工伤的，由该用人单位依照工伤保险待遇项目和标准支付费用。在本案例中，乙企业并未为甲缴纳工伤保险费，应当由乙企业支付甲工伤保险费用。

【法条链接】

《关于确立劳动关系有关事项的通知》节选

一、用人单位招用劳动者未订立书面劳动合同，但同时具备下列情形的，劳动关系成立。

（一）用人单位和劳动者符合法律、法规规定的主体资格；

（二）用人单位依法制定的各项劳动规章制度适用于劳动者，劳动者受用人单位的劳动管理，从事用人单位安排的有报酬的劳动；

（三）劳动者提供的劳动是用人单位业务的组成部分。

二、用人单位未与劳动者签订劳动合同，认定双方存在劳动关系时可参照下列凭证：

（一）工资支付凭证或记录（职工工资发放花名册）、缴纳各项社会保险费的记录；

（二）用人单位向劳动者发放的"工作证"、"服务证"等能够证明身份的证件；

（三）劳动者填写的用人单位招工招聘"登记表"、"报名表"等招用记录；

（四）考勤记录；

（五）其他劳动者的证言等。

其中，（一）、（三）、（四）项的有关凭证由用人单位负举证责任。

《工伤保险条例》节选

第十六条　职工符合本条例第十四条、第十五条的规定，但是有下列情形之一的，不得认定为工伤或者视同工伤：

（一）故意犯罪的；

（二）醉酒或者吸毒的；

（三）自残或者自杀的。

第三十条　职工因工作遭受事故伤害或者患职业病进行治疗，享受工伤医疗待遇。

职工治疗工伤应当在签订服务协议的医疗机构就医，情况紧急时可以先到就近的医疗机构急救。

治疗工伤所需费用符合工伤保险诊疗项目目录、工伤保险药品目录、工伤保险住院服务标准的，从工伤保险基金支付。工伤保险诊疗项目目录、工伤保险药品目录、工伤保险住院服务标准，由国务院社会保险行政部门会同国务院卫生行政部门、食品药品监督管理部门等部门规定。

职工住院治疗工伤的伙食补助费，以及经医疗机构出具证明，报经办机构同意，工伤职工到统筹地区以外就医所需的交通、食宿费用从工伤保险基金支付，基金支付的具体标准由统筹地区人民政府规定。

工伤职工治疗非工伤引发的疾病，不享受工伤医疗待遇，按照基本医疗保险办法处理。

工伤职工到签订服务协议的医疗机构进行工伤康复的费用，符合规定的，从工伤保险基金支付。

第三十一条　社会保险行政部门作出认定为工伤的决定后发生行政复议、行政诉讼的，行政复议和行政诉讼期间不停止支付工伤职工治疗工伤的医疗费用。

第三十二条　工伤职工因日常生活或者就业需要，经劳动能力鉴定委员会确认，可以安装假肢、矫形器、假眼、假牙和配置轮椅等辅

助器具，所需费用按照国家规定的标准从工伤保险基金支付。

第三十三条　职工因工作遭受事故伤害或者患职业病需要暂停工作接受工伤医疗的，在停工留薪期内，原工资福利待遇不变，由所在单位按月支付。

停工留薪期一般不超过12个月。伤情严重或者情况特殊，经设区的市级劳动能力鉴定委员会确认，可以适当延长，但延长不得超过12个月。工伤职工评定伤残等级后，停发原待遇，按照本章的有关规定享受伤残待遇。工伤职工在停工留薪期满后仍需治疗的，继续享受工伤医疗待遇。

生活不能自理的工伤职工在停工留薪期需要护理的，由所在单位负责。

第四节　不具备用工主体资格引发的劳动纠纷

【案例导入】

案例一：甲公司系建设工程发包方，甲公司将A工程发包给具备用工主体资格的乙公司，乙公司将该工程违法分包给包工头丙，包工头丙组织丁等30余人的施工队伍进行分包工程作业。在一次作业过程中，丁某受伤，但包工头丙并未给丁购买任何工伤保险，丁不知如何寻求帮助。

案例二：甲系A村村民，甲为自建房屋购买建筑材料，以包工不包料的方式将自建房屋项目发包给包工头乙，包工头乙找到丙等6人进行施工，在施工过程中丙受伤，丙遂向当地法院提起诉讼。

【知识学习】

一、具备用工主体资格的范围

1. 中华人民共和国境内的企业、个体经济组织。个体经济组织是指一般雇工在七人以下的个体工商户。

2. 中华人民共和国境内的国家机关、事业单位、社会团体。

二、无效建设工程施工合同相关知识

无效建设工程施工合同是指建设施工合同违反法律、法规的强制性规定，

不发生当事人期望的法律效力的建筑施工合同。

（一）无效建设工程施工合同种类

1. 承包人未取得建筑施工企业资质或者超越资质等级的；

2. 没有资质的实际施工人借用有资质的建筑施工企业名义的；

3. 建设工程必须进行招标而未中标或者中标无效的；

4. 承包人非法转包、违法分包建设工程或者没有资质的实际施工人借用有资质的建筑施工企业名义与他人签订建设施工行为无效的。

（二）违法分包类型

1. 总承包单位将建设工程分包给不具备相应资质条件的单位的；

2. 建设工程总承包合同中未有约定，又未经建设单位认可，承包单位将其承包的部分建设工程交由其他单位完成的；

3. 施工总承包单位将建设工程主体结构的施工分包给其他单位的；

4. 分包单位将其承包的建设工程再分包的。

（三）必须进行招投标的施工项目类型

1. 大型基础设施、公用事业等关系社会公共利益、公众安全的项目；

2. 全部或者部分使用国有资金投资或者国家融资的项目；

3. 使用国际组织或者外国政府贷款、援助资金的项目。

三、雇佣合同与承揽合同的区别

1. 内容规定不一致。雇佣合同中雇员与雇主具有一定的人身依附性，即雇员在一定程度上要服从雇主的监管和安排，具有隶属性。承揽合同是承揽人按照定作人的要求完成工作，交付工作成果，定作人给付报酬的合同（例如：案例二中房主甲与"包工头"丙的关系）。

2. 承担风险不一致。雇佣合同履行中所发生的危险、意外事故或损失，一般是由接受劳务的雇主承担。承揽合同履行中所产生风险则由完成工作成果的承揽人承担，除非损失是由于定作人的指示过失原因所造成的。

【案例解析】

案例一：根据《人力资源和社会保障部关于执行〈工伤保险条例〉若干问题的意见》的规定，具备用工主体资格的承包单位违反法律、法规规定，将承包业务转包、分包给不具备用工主体资格的组织或自然人，该组织或自然人招用的劳动者从事承包业务时因工伤亡的，由该具备用工主体资格的承包单位承担用人单位依法承担的工伤保险责任。本案例中，乙公司属于具备用工主体资

格的承包单位，违法将业务分包给不具备用工主体资格的包工头丙，丁是在作业过程中因工受伤的，因此根据该意见规定，应当由乙公司依法承担工伤保险责任。

案例二：农村建房房主多数自己购买建筑材料，以包工不包料（又称清包工）的形式发包给包工头承建，包工头再找人施工，这种现象比较普遍。这种情况下，房主和包工头之间的关系一般定性为承揽合同。当劳务提供者在施工过程发生伤亡事故时，厘清承担赔偿责任问题往往涉及提供劳务者与包工头、房主三者之间的关系。这要看房主是否和包工头谈妥了总体价格、包工头是否和其他提供劳务者同工同酬、劳动工具特别是机械设备（如水泥搅拌车）等由谁提供来具体确定房主直接和提供劳务者之间是雇佣关系，还是提供劳务者和包工头之间是雇佣关系，以确定由谁直接对提供劳务者承担赔偿责任。本案例中，甲为农村自建房以包工不包料的形式发包给包工头乙承建，房主甲和包工头乙谈妥了价格（如固定总价或者固定单价），提供劳务者丙系包工头乙找来并由其支付工资，且并非与包工头乙同工同酬等，则通常认定房主甲和包工头乙形成的合同关系为一般承揽合同关系。根据《最高人民法院关于审理人身损害赔偿案件适用法律若干问题的解释》的相关规定，房主甲对丙不承担赔偿责任，但如果房主甲对选任有过失，则应依法承担连带责任。因此对提供劳务者（施工人）来说，提供劳务前，应明确自己的雇主是谁，注意保留雇主的姓名、住址等基本信息，尽量与雇主签订书面协议，明确工作时间、地点、内容、报酬，明确雇主的安全保障责任和义务，并注意保留相关证据。

【法条链接】

《中华人民共和国民法典》节选

第七百九十一条　发包人可以与总承包人订立建设工程合同，也可以分别与勘察人、设计人、施工人订立勘察、设计、施工承包合同。发包人不得将应当由一个承包人完成的建设工程支解成若干部分发包给数个承包人。

总承包人或者勘察、设计、施工承包人经发包人同意，可以将自己承包的部分工作交由第三人完成。第三人就其完成的工作成果与总承包人或者勘察、设计、施工承包人向发包人承担连带责任。承包人不得将其承包的全部建设工程转包给第三人或者将其承包的全部建设工程支解以后以分包的名义分别转包给第三人。

禁止承包人将工程分包给不具备相应资质条件的单位。禁止分包单位将其承包的工程再分包。建设工程主体结构的施工必须由承包人自行完成。

《保障农民工工资支付条例》节选

第十九条　用人单位将工作任务发包给个人或者不具备合法经营资格的单位，导致拖欠所招用农民工工资的，依照有关法律规定执行。

用人单位允许个人、不具备合法经营资格或者未取得相应资质的单位以用人单位的名义对外经营，导致拖欠所招用农民工工资的，由用人单位清偿，并可以依法进行追偿。

第二十八条　施工总承包单位或者分包单位应当依法与所招用的农民工订立劳动合同并进行用工实名登记，具备条件的行业应当通过相应的管理服务信息平台进行用工实名登记、管理。未与施工总承包单位或者分包单位订立劳动合同并进行用工实名登记的人员，不得进入项目现场施工。

施工总承包单位应当在工程项目部配备劳资专管员，对分包单位劳动用工实施监督管理，掌握施工现场用工、考勤、工资支付等情况，审核分包单位编制的农民工工资支付表，分包单位应当予以配合。

施工总承包单位、分包单位应当建立用工管理台账，并保存至工程完工且工资全部结清后至少3年。

第二十九条　建设单位应当按照合同约定及时拨付工程款，并将人工费用及时足额拨付至农民工工资专用账户，加强对施工总承包单位按时足额支付农民工工资的监督。

因建设单位未按照合同约定及时拨付工程款导致农民工工资拖欠的，建设单位应当以未结清的工程款为限先行垫付被拖欠的农民工工资。

建设单位应当以项目为单位建立保障农民工工资支付协调机制和工资拖欠预防机制，督促施工总承包单位加强劳动用工管理，妥善处理与农民工工资支付相关的矛盾纠纷。发生农民工集体讨薪事件的，建设单位应当会同施工总承包单位及时处理，并向项目所在地人力资源社会保障行政部门和相关行业工程建设主管部门报告有关情况。

第三十一条　工程建设领域推行分包单位农民工工资委托施工总承包单位代发制度。

分包单位应当按月考核农民工工作量并编制工资支付表，经农民工本人签字确认后，与当月工程进度等情况一并交施工总承包单位。

施工总承包单位根据分包单位编制的工资支付表，通过农民工工资专用账户直接将工资支付到农民工本人的银行账户，并向分包单位提供代发工资凭证。

用于支付农民工工资的银行账户所绑定的农民工本人社会保障卡或者银行卡，用人单位或者其他人员不得以任何理由扣押或者变相扣押。

《最高人民法院关于审理人身损害赔偿案件适用法律若干问题的解释》节选

第九条　雇员在从事雇佣活动中致人损害的，雇主应当承担赔偿责任；雇员因故意或者重大过失致人损害的，应当与雇主承担连带赔偿责任。雇主承担连带赔偿责任的，可以向雇员追偿。

前款所称"从事雇佣活动"，是指从事雇主授权或者指示范围内的生产经营活动或者其他劳务活动。雇员的行为超出授权范围，但其表现形式是履行职务或者与履行职务有内在联系的，应当认定为"从事雇佣活动"。

第十条　承揽人在完成工作过程中对第三人造成损害或者造成自身损害的，定作人不承担赔偿责任。但定作人对定作、指示或者选任有过失的，应当承担相应的赔偿责任。

第十一条　雇员在从事雇佣活动中遭受人身损害，雇主应当承担赔偿责任。雇佣关系以外的第三人造成雇员人身损害的，赔偿权利人可以请求第三人承担赔偿责任，也可以请求雇主承担赔偿责任。雇主承担赔偿责任后，可以向第三人追偿。

雇员在从事雇佣活动中因安全生产事故遭受人身损害，发包人、分包人知道或者应当知道接受发包或者分包业务的雇主没有相应资质或者安全生产条件的，应当与雇主承担连带赔偿责任。

属于《工伤保险条例》调整的劳动关系和工伤保险范围的，不适用本条规定。

第七章 农村环境与资源保护的法律保障

第一节 生产类污染治理

【案例导入】

案例一：A 市的农民甲是种植户，主要种植蔬菜和水果。甲在种植水果时往覆盆子果实上洒了农药以保证水果能防治病虫害，邻居小孩乙跑到甲家地里玩，因好奇误食了甲栽种的覆盆子。乙吃了覆盆子果实后因急性中毒被送往医院治疗，经医院检查乙确实中毒，但未诊断出是何种食物中毒。乙母亲将覆盆子送往鉴定中心进行鉴定。经鉴定，覆盆子果实含有农药百草枯的成分。

案例二：A 县某村农民甲在村东地承包了一个池塘养殖龙虾，池塘北边依次临乙承包的稻田和藕池。甲池塘四周有石棉瓦围成的防逃设施，池塘中间做了稻田养殖的田间工程，养殖基础基本规范。次年5 月，甲购买了 2000 余斤龙虾苗，投入池塘养殖，预计 3 个月内养成。8 月的某天早上，甲发现乙刚过肥的藕池内的水越过自己种植的稻田，冲开甲养殖龙虾池塘的防逃设施流入到龙虾塘内。甲当时没有去堵冲开的口子，而是电话通知乙，乙到达现场后也未堵决口，而是在其种植的水稻上打农药，农药随着水流流到了甲养殖龙虾的池塘内，造成甲养殖的龙虾中毒死亡。当年 8 月，乡镇农业管理中心和县水利局水产站做出龙虾死亡损失的评估报告，评估结论为：乙藕塘施肥的水以及稻田施过药的水流入养虾的稻田是造成龙虾死亡的因素，评估经济损失在 40000 元左右。

案例三：自 20 世纪 90 年代起，A 县 B 镇开始大力推广农膜覆盖种植技术。B 镇 C 村的农民甲某回忆说，刚开始，政府免费提供农膜，号召老百姓覆膜种庄稼。以前，种子撒进地里，如果不反复浇水，就

很难发芽。用上农膜后，在点种位置扎个洞，出苗又快又好。覆膜种玉米、土豆，不用怎么浇水，与不覆膜时相比，产量起码要增加30%。农膜最初主要用于玉米、蔬菜、瓜果种植。近几年，随着抗旱减灾农业的发展和春秋双季作物的大面积推广，覆膜拓展到土豆、蔬菜、葵花等多种作物。农膜种植的好处不言而喻。然而，"白色污染"问题随之而来，并日益明显。最初覆膜保苗增产效果确实很好，可几年过后，出苗率下降得很厉害。甲某流转了几十亩田，全部实行覆膜种植。最近几年，他发现不少庄稼苗长到四五厘米高时就死了。开始，甲某以为是由于营养不良，或是感染了病虫害，但尝试各种办法都不见效。有一次，他拔出一棵死苗，无意中带出一团残膜，死苗根系紧紧扎在残膜团里，他这才恍然大悟，原来残膜裹住了根系，作物吸不到水分，被渴死了。

案例四：村民甲在 A 市 B 乡××村自家农田焚烧玉米秸秆时，不慎引燃周边植被，引发森林火灾，山火发生后其积极参与灭火，火灾于当日下午被村民、政府和林业人员等扑灭。过火面积达 754 亩。其中烧毁未成林造林地 238 亩，宜林荒沙地 339 亩，牧草地 32 亩，基本农田 80 亩，未利用地 65 亩，烧毁 2.5 米高侧柏 827 株，地径 3 厘米杏树 390 株，胸径 3 厘米刺槐 68 株，共计 1285 株，林地原有植被被严重烧毁。

案例五：A 县农户甲于 2007 年开始在 A 县 B 乡村经营养猪场，该养殖场初具规模，是该县较为出名的企业。该养猪场在经营期间，将养殖产生的牲畜粪便污水排入渠道内，而养殖场排污渠与周围农田的灌溉渠相近，导致不断有废水向周围渗透，最后污染了灌溉渠，周边农户的农田产量锐减，损失惨重。然而甲某从未向有关部门报备申请过，周边农户在生产生活环境不断恶化的无奈情况下，不得已向县环保局举报。

【知识学习】

一、农药污染及治理

农药是指用来预防、控制或是消灭危害农林牧业的有害生物（病、虫、草等和其他有害生物）或调节植物、昆虫生长发育的化学合成物质或来源于生物、其他天然物质的一种或几种物质的混合物又其制剂。

农药污染是指使用农药后会残留在土壤中以至于生物体、农副产品表面或环境中的有毒代谢物，当超过农药最高残留极限后会形成污染。残留农药产生的毒性简称为农药残毒，而保留在土壤中的农药还会伴随降雨渗透地下，造成地下水污染。

过度使用农药会引起严重的环境污染，随之会产生严重的危害后果，主要表现为：

1. 对水体造成污染。很多的杀虫剂和除草剂易溶于水，致使大量水生生物死亡。部分农药残留物伴随降雨汇成径流，造成径流污染，或是渗入地下径流，造成地下水污染。

2. 对土壤造成污染。杀菌剂不仅能消灭对农作物有害的微生物，同样也会消灭有益的微生物，进而造成土壤微生物减少，土地肥力下降。农药会使农产品质量下降。

3. 对人的危害。人误食或皮肤接触农药，可能会引发危险情况，情节较轻的可能引起慢性中毒，致使身体器官逐步衰竭；情节严重的可能引起急性中毒，精神错乱、呼吸困难、休克甚至死亡。

农药污染治理方法：

1. 科学用药。依据当地土壤类型和现实状况，科学控制农药使用量、使用周期和使用频率。

2. 利用耕作制度。采取土地轮休、水旱轮换或施用有机肥等方式进行耕作，提高土壤的环境自净能力。

3. 选择用药。根据土壤性质合理使用农药，减少易溶于水的农药使用，并控制农药与饮用水源的交汇，防止水污染。

4. 严格管控废弃物。对使用过后的农药废弃物需要防止流失、渗漏，严禁擅自堆放、倾倒或是填埋。应将农药废弃包装物统一由生产商回收。

二、化肥污染及治理

化肥，也称无机肥料，是指用化学或是物理方法人工合成的含有一种或几种可以促进农作物生长的营养元素的肥料。包括磷肥、氮肥、钾肥、复合肥料等。磷肥、氮肥、钾肥是植物需求量较大的几种化学肥料。

化肥污染是指由于长期使用大量化肥，致使土壤中存在部分未能被农作物吸收的化学残留物，经土壤根系转入地下水，汇集污染源。很多残留物积累后附在农作物上，最终通过食物链影响人体健康。

有关数据统计表明，我国有近八成的农户习惯用"一水冲肥"和"一炮轰"等方式盲目施肥，全国近三成以上农户施肥量远超庄稼的需求量。然而，过度施肥会造成严重的危害后果：

1. 对水体造成污染。过量的化肥由于不能被农作物吸收，会伴随降雨和径流进入河流、湖泊和水库等水体中，造成水体富营养化，导致藻类迅猛繁殖，水质持续恶化。

2. 对大气造成污染。含有氮元素的化肥容易产生氨气，氨气会对人体造成损害，而排出的氨气与空气中的氧结合为氮氧化合物，加速温室效应，并且氮氧化合物还会破坏大气。

3. 对土壤造成污染。化肥会导致土壤板结，土壤肥力下降，影响农作物的产量与品质。长期使用还会破坏土壤肥力结构，导致土地酸化，水土流失严重。

4. 对人的危害。人体摄入过量施用化肥的食物和饮用水，会在身体里积攒大量的硝酸盐和亚硝酸盐。短期会造成身体机能下降，长期会引发胃癌、肝癌和食道癌等。

化肥污染治理方法：

1. 合理选用化肥品种。针对沙土质土壤建议使用铵态氮肥，减少使用硝态氮肥。潮湿性的土壤则建议施用缓效肥料。

2. 规范化肥使用量。根据土壤性质状况、农作物种类和养分摄入方式来确定化肥使用量。在条件不满足或不适宜的情况下，应当减少化肥施用量。

3. 科学施肥方法。尽量采取多次施肥、少量施肥的方式，采取轮番施肥、季节性施肥等周期性轮作，最好将化肥施在根系部位，提高施肥效率。

4. 防止水土流失。农户需根据其耕地状况采取合理的耕作方式，在土质松软或沙土地尽量少耕或休耕。建议使用滴灌或喷灌，提高用水效率，少用或禁用渠灌，防止化肥进入其他水体。

三、农膜污染及治理

农膜，也称地膜，是指在农业生产过程中覆盖于地面上的薄膜，主要用于保持土壤水分、提高土壤温度、维持土壤结构和防止有害病虫等，一般情况下是透明或是黑色的 PE 薄膜。

农膜污染，是指农户为了保持耕作过程中农作物生长所必需的水分而使用农膜，农膜使用后未及时处理，残留在土地中，在较长时间内无法自然降解导致破坏了土壤结构，由此造成进一步污染。

农膜的材料一般是高分子化合物，极难降解，既不受微生物侵蚀，也不会自行分解，并且其降解周期为 200～300 年，因此，危害后果非常严重，主要表现在：

1. 对农作物的危害。农膜残留物会改变土壤的结构，断绝农作物对水分和养分的吸收，致使农作物减产。新播种的农作物会因为残留物变成代死苗。

2. 对土壤的破坏。农膜残留物积累过多造成土壤板结，含水量下降、土壤肥力下降，削弱土地的抗旱能力，甚至引起土壤盐碱化。

3. 对其他环境的污染。农膜如回收不彻底，残留于地表、树林或沟渠中，极易造成白色污染。如被牲畜或家禽误食可能还会死亡。焚烧农膜则会产生大量有毒气体，既危害身体健康，又破坏大气环境。

农膜污染的治理方法：

1. 严格选用农膜。农户耕作使用农膜应选择具有安全性的、低毒或无毒的厚度不超过 0.008 毫米的树脂农膜。

2. 利用新型栽培技术。改变老式栽培技术，推广能耗更低的适时揭膜、侧膜栽培等技术。

3. 做好废旧膜处理。经使用过后的废旧膜可与生活垃圾一起填埋处理，但应当做好防漏防渗工作。

四、秸秆焚烧污染及治理

秸秆，通常指小麦、水稻、玉米、薯类、油菜、棉花、甘蔗和其他农作物在收获籽实后的剩余部分，是成熟农作物茎叶（穗）部分的总称。

秸秆焚烧污染。秸秆焚烧是将农作物秸秆用火烧从而将其销毁的一种行为。大规模的秸秆焚烧会造成雾霾，并产生大量有毒有害物质，对人与其他生物健康形成威胁。

秸秆焚烧造成的危害有：

1. 大气污染。秸秆焚烧会产生二氧化硫、二氧化氮等，当大气中这些物质的含量达到一定程度时会导致酸雨、黑雨。

2. 危害人体健康。燃烧秸秆会产生大量可吸入颗粒物，刺激人的眼睛、鼻子和咽喉，轻则流泪、咳嗽、胸闷，重则引发人体支气管疾病。

3. 火灾危害。焚烧秸秆时如周围有易燃物，容易引发火灾险情，特别是当山林附近或是周边有高压输电设施和通信设备时，一旦引发火灾，后果难以估计。

4. 土壤破坏。焚烧秸秆会破坏土地结构，直接消灭土壤里的各种微生物，不利于土地持续发展。并且燃烧残留的秸秆会残留大量不容易吸收的钾素和磷素。

秸秆污染的治理方法：

1. 循环利用。采取先进的种植技术，提高农作物废物的综合利用率，集中收集秸秆，对秸秆实施循环利用。

2. 推广新型技术。针对废弃的秸秆，可集中收集后通过堆腐还田技术、高

留茬还田技术等方式综合利用，或者通过半坑式堆积法、坑式堆积法和地面堆积法来处理。

五、畜禽粪便污染及治理

畜禽粪便主要指畜禽养殖业中产生的一类农村固体废物，包括猪粪、牛粪、羊粪、鸡粪、鸭粪等。

畜禽粪便污染是指畜禽排泄物本身及其分解所产生的硫化氢、醇类、酚类和氨苯及大量病原菌对周围环境造成的污染。主要有水污染和疾病的传播。

畜禽粪便造成的危害：

1. 水污染。规模化的养殖场大多直接用水冲将畜禽粪便随意排出，有的甚至没有化粪池，直接将粪便排入地表径流或使其渗入地下水。被排出的污水中含有大量有机物和病原微生物，排入水中造成水体富营养化，甚至造成大肠杆菌的肆意扩散。

2. 土壤污染。畜禽粪便中含有大量氮、磷、氨等元素，不合理施用会造成土壤结构破坏，甚至引发大量有害微生物的繁殖，从而引发农作物病虫害。

3. 环境卫生恶化。畜禽粪便会促进苍蝇、蚊子的繁殖，随意堆放会引起传染病的传播。堆放的畜禽粪便发酵后会挥发出恶臭的气体，这些气体会对人体免疫系统产生破坏，严重的甚至会引发呼吸道疾病。

畜禽粪便污染的治理：

1. 清洁生产。农户或养殖场生产采用节水、节肥、节约的先进养殖技术，提高资源利用率，减少污染物排放。

2. 合理规划养殖场。畜禽养殖场的选址要合理，禁止在水源地附近、自然保护区、城市居民区或法律规定的其他禁养区域开设养殖场。养殖场应做好畜禽粪便的回收和处理工作，避免人畜混居。

3. 高温堆肥、沼气发酵技术。可将畜禽粪便集中回收，利用高温堆肥或沼气发酵的技术将畜禽粪便循环利用。

【案例解析】

案例一：根据《中华人民共和国侵权责任法》第六条第一款规定："行为人因过错侵害他人民事权益，应当承担侵权责任。"本案中，甲在庭审中承认其确实喷洒了农药，且乙母亲委托司法鉴定中心所做的鉴定检验报告证实甲种植的覆盆子果实粉碎性检样中检出除草剂百草枯成分。乙误食甲种植的覆盆子果实后，先后在 A 市人民医院、A 市儿童医院、B 大学附属医院就诊，被 B 大学附属医院诊断为急性中毒。

　　甲在自家园田地喷洒农药后，应当意识到其种植的覆盆子果实可能会受到农药污染，被人误食后会产生中毒等严重后果，甲应当设置相应的警示标志，避免类似损害事实的发生，但是其因为疏忽大意致使乙因误食覆盆子果实急性中毒而入院治疗。因此，甲应当承担相应的侵权责任。

　　但是，乙系未成年人，其父母作为监护人应当充分履行其监护职责，对乙随意采摘路边果实的行为应当进行教育和管理，从而充分保护被监护人的身体健康，故乙的父母对乙误食覆盆子果实而导致急性中毒应当承担主要责任。

　　案例二：根据《中华人民共和国侵权责任法》第六十五条规定："因环境污染造成损害的，污染者应当承担责任。"《中华人民共和国水污染防治法》第八十五条规定："因水污染受到侵害的当事人，有权要求排污方排除危害和赔偿损失。"同时根据《中华人民共和国侵权责任法》第六十六条的规定，因环境污染发生纠纷，污染者应当就法律规定的不承担责任或者减轻责任的情形及其行为与损害之间不存在因果关系承担举证责任，即举证责任部分倒置。

　　本案是因水污染引起的损害赔偿诉讼，即适用举证责任部分倒置，由被告乙就法律规定的免责事由及其行为与损害之间不存在因果关系承担举证责任，而原告甲只需对环境污染所造成的损害后果存在的事实承担举证责任。本案中，根据原告甲陈述的情况及提交的龙虾死亡时的现场照片，可以确认甲主张其养殖的龙虾死亡的事实及其损失均客观存在。而乡镇农业管理中心和县水利局水产站做出龙虾死亡损失的评估报告，派出所的出警证明，均源于事故现场，证据之间具有关联性，可以相互印证，因而可以判定甲养殖的龙虾死亡的原因是水污染，甲完成了举证责任。因此，乙的抗辩不能形成有效抗辩，不能证明乙的主张，故确认甲在本案中主张的其养殖的小龙虾死亡与乙的侵权行为之间有法律上的因果关系，因而乙在本案中应承担民事责任。

　　案例三：农田白色污染之所以严重，一个重要原因是农民广泛采用的农膜过薄，易碎裂、难捡拾。为此，A 县 B 镇推广单一来源方式，定点统一采购厚度为 0.01mm 以上的抗拉性好的农膜。厚度 0.01mm 以上的农膜回收率高一些，但仍有 10% 左右残留在农田里。如果考虑到自然状态下，残留农膜需要百年以上才能分解，每年 10% 左右的残留率，显然是不可接受的。要想根治农田白色污染，最终还得靠推广易降解、成本低廉的新型农膜。

　　目前，农业部已在农膜用量大、时间长、污染较重的 17 个省份，建立了210 个农膜残留国控监测点，对农膜残留情况进行监测评估。农业部"残膜污染农田综合治理技术方案"研究项目也已启动，相关科研单位正开展大量可降解农膜区域对比试验，结合新疆、甘肃两地试点情况，进行回收机械、可降解农膜等关键问题的研究。

案例四：甲无视国家法律，违法在野外焚烧秸秆，引燃周围植被，致过火面积达 754 亩，足以危害不特定的生命和财产安全，其行为已构成失火罪，应予以处罚。公诉机关指控的事实和罪名成立。鉴于被告人归案后能如实供述犯罪事实，又能积极补栽、恢复植被，取得谅解。

后经法院判决，被告人甲某犯失火罪，判处有期徒刑三年，宣告缓刑三年（缓刑考验期限从判决确定之日起计算）。经市司法局对被告人甲进行社会调查评估，认为对被告人甲宣告缓刑对其所居住的社区没有重大不良影响，具备社会矫正条件，决定采纳其辩护人的意见，对被告人甲从轻处罚并宣告缓刑。

案例五：根据《中华人民共和国环境保护法》第十条及《中华人民共和国水污染防治法》第八条之规定，A 县环保局具有查处案例中××区区域内的环境污染的法定职权。环保局证明涉案养猪场系甲本人修建并从事生猪养殖，该养猪场在养殖过程中产生的畜禽粪便废水通过养殖区旁的收集沟排入收集池，收集池未硬化，未采取任何防渗漏措施，收集池内部分养殖废水渗入农灌渠，甲利用渗坑排放污染物的违法行为事实清楚、证据确凿。A 县环保局作出对甲处以 6 万元的罚款处罚，并向甲告知其享有的陈述及申辩权等权利，并进行了听证。

甲不服，向人民法院提起行政诉讼，经法院审理，A 县环保局程序合法。环保局在《中华人民共和国水污染防治法》第七十六条第二款规定的 5 万至 50 万处罚幅度内对甲处以 6 万元的较低数额罚款，体现了处罚适当原则。因此，A 县环保局根据《中华人民共和国水污染防治法》第七十六条第一款第（七）项、第二款作出的 23 号决定书，认定事实清楚，适用法律正确，程序合法。

【法条链接】

《中华人民共和国民法典》节选

第一千二百三十四条　违反国家规定造成生态环境损害，生态环境能够修复的，国家规定的机关或者法律规定的组织有权请求侵权人在合理期限内承担修复责任。侵权人在期限内未修复的，国家规定的机关或者法律规定的组织可以自行或者委托他人进行修复，所需费用由侵权人负担。

第一千二百三十五条　违反国家规定造成生态环境损害的，国家规定的机关或者法律规定的组织有权请求侵权人赔偿下列损失和费用：

（一）生态环境受到损害至修复完成期间服务功能丧失导致的

损失；

　　（二）生态环境功能永久性损害造成的损失；

　　（三）生态环境损害调查、鉴定评估等费用；

　　（四）清除污染、修复生态环境费用；

　　（五）防止损害的发生和扩大所支出的合理费用。

《中华人民共和国环境保护法》节选

　　第三十三条　规定各级人民政府应当加强对农业环境的保护，促进农业环境保护新技术的使用，加强对农业污染源的监测预警，统筹有关部门采取措施，防治土壤污染和土地沙化、盐渍化、贫瘠化、石漠化、地面沉降以及防治植被破坏、水土流失、水体富营养化、水源枯竭、种源灭绝等生态失调现象，推广植物病虫害的综合防治。

　　第四十九条　各级人民政府及其农业等有关部门和机构应当指导农业生产经营者科学种植和养殖，科学合理施用农药、化肥等农业投入品，科学处置农用薄膜、农作物秸秆等农业废弃物，防止农业面源污染。

　　禁止将不符合农用标准和环境保护标准的固体废物、废水施入农田。施用农药、化肥等农业投入品及进行灌溉，应当采取措施，防止重金属和其他有毒有害物质污染环境。

　　畜禽养殖场、养殖小区、定点屠宰企业等的选址、建设和管理应当符合有关法律法规规定。从事畜禽养殖和屠宰的单位和个人应当采取措施，对畜禽粪便、尸体和污水等废弃物进行科学处置，防止污染环境。

《中华人民共和国水污染防治法》节选

　　第五十三条　制定化肥、农药等产品的质量标准和使用标准，应当适应水环境保护要求。

　　第五十四条　使用农药，应当符合国家有关农药安全使用的规定和标准。

　　运输、存贮农药和处置过期失效农药，应当加强管理，防止造成水污染。

　　第五十五条　县级以上地方人民政府农业主管部门和其他有关部

门，应当采取措施，指导农业生产者科学、合理地施用化肥和农药，推广测土配方施肥技术和高效低毒低残留农药，控制化肥和农药的过量使用，防止造成水污染。

第五十六条 国家支持畜禽养殖场、养殖小区建设畜禽粪便、废水的综合利用或者无害化处理设施。

畜禽养殖场、养殖小区应当保证其畜禽粪便、废水的综合利用或者无害化处理设施正常运转，保证污水达标排放，防止污染水环境。

畜禽散养密集区所在地县、乡级人民政府应当组织对畜禽粪便污水进行分户收集、集中处理利用。

《中华人民共和国土壤污染防治法》节选

第二十六条 国务院农业农村、林业草原主管部门应当制定规划，完善相关标准和措施，加强农用地农药、化肥使用指导和使用总量控制，加强农用薄膜使用控制。

国务院农业农村主管部门应当加强农药、肥料登记，组织开展农药、肥料对土壤环境影响的安全性评价。

制定农药、兽药、肥料、饲料、农用薄膜等农业投入品及其包装物标准和农田灌溉用水水质标准，应当适应土壤污染防治的要求。

第二十七条 地方人民政府农业农村、林业草原主管部门应当开展农用地土壤污染防治宣传和技术培训活动，扶持农业生产专业化服务，指导农业生产者合理使用农药、兽药、肥料、饲料、农用薄膜等农业投入品，控制农药、兽药、化肥等的使用量。

地方人民政府农业农村主管部门应当鼓励农业生产者采取有利于防止土壤污染的种养结合、轮作休耕等农业耕作措施；支持采取土壤改良、土壤肥力提升等有利于土壤养护和培育的措施；支持畜禽粪便处理、利用设施的建设。

第二十八条 禁止向农用地排放重金属或者其他有毒有害物质含量超标的污水、污泥，以及可能造成土壤污染的清淤底泥、尾矿、矿渣等。

县级以上人民政府有关部门应当加强对畜禽粪便、沼渣、沼液等收集、贮存、利用、处置的监督管理，防止土壤污染。

农田灌溉用水应当符合相应的水质标准，防止土壤、地下水和农产品污染。地方人民政府生态环境主管部门应当会同农业农村、水利主管部门加强对农田灌溉用水水质的管理，对农田灌溉用水水质进行监测和监督检查。

第二十九条　国家鼓励和支持农业生产者采取下列措施：

（一）使用低毒、低残留农药以及先进喷施技术；

（二）使用符合标准的有机肥、高效肥；

（三）采用测土配方施肥技术、生物防治等病虫害绿色防控技术；

（四）使用生物可降解农用薄膜；

（五）综合利用秸秆、移出高富集污染物秸秆；

（六）按照规定对酸性土壤等进行改良。

《中华人民共和国农业法》节选

第五十八条　农民和农业生产经营组织应当保养耕地，合理使用化肥、农药、农用薄膜，增加使用有机肥料，采用先进技术，保护和提高地力，防止农用地的污染、破坏和地力衰退。

第六十五条　各级农业行政主管部门应当引导农民和农业生产经营组织采取生物措施或者使用高效低毒低残留农药、兽药，防治动植物病、虫、杂草、鼠害。

农产品采收后的秸秆及其他剩余物质应当综合利用，妥善处理，防止造成环境污染和生态破坏。

从事畜禽等动物规模养殖的单位和个人应当对粪便、废水及其他废弃物进行无害化处理或者综合利用，从事水产养殖的单位和个人应当合理投饵、施肥、使用药物，防止造成环境污染和生态破坏。

第二节　生活类污染治理

【案例导入】

案例一：A县人民检察院在履行职责中发现，A县B镇初级中学西侧沟边堆放有大量垃圾，污染周边环境，遂决定对该案立案调查。经查，该处垃圾堆放场地不是A县环保局审批的垃圾填埋点。20××年××月××日，A县人民检察院会同有关部门对该处垃圾堆放场地进行实地勘查，经勘查：该垃圾堆放场地西侧紧挨退耕还林地，东距乡镇中学10米左右。垃圾堆放点基本呈长方形，东西长约30米，南

北长约 100 米，高约 20 米，共计约 60000 方，严重污染周边生态环境，B 镇人民政府没有依法履行职责。

20××年××月××日，A 县人民检察院对 B 镇政府回复履职情况进行了跟踪监督，在相关单位的参与下，再次对该垃圾堆放点进行了现场勘查，经勘查：该垃圾堆放点东西长 36 米，南北长 93 米，高为 20 米，总计 66960 方。同时发现，B 镇政府既未对长年堆放的垃圾进行处理，也未采取有效措施对辖区内新产生的垃圾进行转运，并且未阻止村民在该处继续倾倒垃圾，垃圾堆放点已进一步扩大，社会公共利益持续受到侵害。

案例二：A 市 B 区农民甲，在 B 区承包一块地，种植樱桃。而近来，承包地附近开办了一制铝企业，该企业下属的工厂长期存在排放污染物的情况，周围空气恶臭，甚至许多植物都因此枯萎。甲怀疑自家的樱桃树病死与工厂排污有关，遂向人民法院提起诉讼，要求工厂承担损失。甲起诉该区的制铝公司以及公司下属工厂，并提交了一份 A 市 B 区公证处于 20××年××月××日所做的勘验记录，其中载明，在承包地内闻到空气中有异味，南地块邻近厂房方位异味严重，承包地内可以看见厂房内有烟气排出。

案例三：B 市 C 区的大兴公司正在开发城郊，由于是大规模的建设项目，经常动用大功率的设备。为了赶工，该公司经常在夜间施工，造成临近的村民无法休息。后群众向环保局举报，环保局执法人员接到群众举报后，到位于 B 市 C 区大兴公司开发的项目检查，通过现场检查发现有夜间施工的违法行为。该企业在未经环保部门审批的情况下，利用两台铲车，对基础土方进行清运施工作业。B 市环境保护局环境监测站于 20××年××月××日出具检查报告，对大兴公司施工建设的上述项目夜间 1：20～2：00 施工噪音进行监督性检测，检测结果为"厂界外 1 米处检测结果为 72.9（Leq），距离居民窗前 1 米处检查结果为 65.2（Leq）"。居民甲向法院提起诉讼，要求赔偿精神抚慰 2000 元。

【知识学习】

一、农村污水污染及治理

农村污水的类型：

1. 农村生活废水。主要是洗涤用水、洗浴废水、厨房污水和厕所污水等。

2. 农村生产废水。主要是农业灌溉废水、畜禽或水产养殖废水、农产品加工废水和乡镇企业排放的废水等。

农村污水的防治：

1. 加强乡镇企业的排污监督，严格管控排污情况。对排污企业应依法处罚或取缔。

2. 建设农村排污沟渠，通过坑塘、洼地等地表水体或自然渗入当地水循环系统，在旱季灌溉利用。

3. 尚未建设集中污水处理设施的农村地区不宜推广水冲厕所，应建设带有化粪池或发酵功能的厕所。

4. 鼓励采用粪便与生活杂排水分离的新型生态排水系统，适应推广沼气池处理粪便，用氧化塘或湿地等一体化装置等技术处理生活废水。

二、农村生活垃圾污染及治理

农村生活垃圾可分为五类：

1. 可回收垃圾，主要是废纸、塑料、玻璃、金属、布料和橡胶等几类；

2. 厨房垃圾，主要是剩菜剩饭、骨头、菜根菜叶和果皮等几类；

3. 有害垃圾，主要是废旧电视、废旧电池、废灯管和过期药品等；

4. 医疗垃圾，主要是使用过的一次性针管，使用过的纱布绷带、药瓶和药液等；

5. 其他固体垃圾，主要是废砖瓦、旧陶瓷、渣土和卫生间厕纸等。

农村生活垃圾污染治理的方法：

1. 填埋处理，在尚未建有垃圾处理场的农村地区，可根据现实情况进行垃圾填埋处理，但应该严格遵守垃圾分类制度，将可回收与不可回收的垃圾分别处理，且应当做好垃圾的防渗处理；

2. 堆肥处理，例如厨房垃圾可以通过科学的堆肥方式，每吨厨房垃圾可以产出0.3吨有机肥。堆肥场所应当建在通风好的静态地方；

3. 回收利用，可将金属、纸张、玻璃、塑料等分类后进行回收，并将回收的固体垃圾统一运送到专业的垃圾处理场。

三、农村大气污染及治理

农村大气污染的主要来源有：

1. 燃烧废气。农村地区居民冬季大多以烧煤、烧炭的方式进行取暖，做饭使用的燃料也很多，包括煤、炭、煤气（液化石油气）、柴木、秸秆等。此类燃料燃烧会产生一氧化碳、二氧化碳、二氧化硫、氮氧化物、烟尘等有害物质。

2. 汽车尾气。随着我国城乡一体化建设推进，农村经济也得到了较快发展，农村地区的汽车、摩托车、拖拉机等机动车数量迅速增长，机动车排放的尾气也对大气造成污染，甚至危害人体健康。

3. 养殖臭气。农村地区的畜禽养殖多以散户为主，将畜禽圈养于房前屋后，人畜混居的现象较为突出，缺乏防疫条件。畜禽粪便和畜禽尸体随意丢放发酵后会产生恶臭难闻的气体，这些气体不仅可能危害人畜健康，而且污染大气环境。

4. 乡镇企业排放的废气。近年来，农村地区经济发展加速，乡镇企业得到大力发展。但乡镇企业集约化程度低，很多企业缺少排污处理设施，污染物排放量大，污染治理跟不上，基层监管不够，导致大量有毒有害气体危害周边群众生活，特别是一些冶金厂、炼化厂、化工厂和建材厂等排放的废气。

农村大气污染治理的方法：

1. 严格管控汽车排放。农村居民购买机动车时应当选择油耗低、排放量小的机动车。排放超标的拖拉机、农机应当及时报废，停止使用。推广使用以新能源（电力、太阳能、天然气等清洁能源）为动力的机动车或农机设备。

2. 畜禽养殖防疫。农户应将畜禽饲养工具、屠宰工具与人类生活用品分开使用、单独保存。严禁随意堆放畜禽粪便和畜禽尸体。畜禽养殖户还应定期对牲畜、家禽圈进行消毒。

3. 改善生产生活环境。在农村地区推广沼气池建设，利用人畜粪便、秸秆等发酵生产沼气，推动循环利用资源。在农村居民区推行植树造林，兴建绿化带，有效提升空气净化能力。

四、农村噪声污染及治理

农村噪声污染的主要来源有：

1. 交通噪声。大部分的农村地区地广人稀，建筑物较少，因此，从农村地区通过的飞机、火车、轮船和汽车发出的噪声能传播很远，传播范围大。加之农村地区缺乏交通管制，致使许多驾驶员在农村地区驾驶时习惯鸣笛。

2. 工业噪声。主要是指在生产过程中由于机器运转发出的巨大声响。

3. 建筑施工噪声。随着经济发展，有很多农村地区正在进行开发，建筑工地进行的挖掘、搅拌和浇筑等作业都会产生大量噪声。

4. 社会生活噪声。农村地区的生活噪声主要是婚丧事、集市、庙会或者节庆等场合下的鞭炮声、奏乐声或者高音喇叭声。

农村噪声污染的治理方法：

1. 管控噪声源。在农村居民区附近的生产单位或个人禁止使用大功率设备，应改进生产工艺或进行降噪处理。

2. 设立阻隔带。在传音途径上采取吸音、隔音、隔振等措施。最简单的方式就是在道路两旁造护路林，在生产区域附近建防护林等。

3. 宣传教育。禁止在公共区域大声喧哗，禁止在夜晚休息时间段启用噪声大的设备，禁止在学校、医院附近鸣笛等。

【案例解析】

案例一：本案争议的焦点为：一是被告 B 镇人民政府对 B 镇初级中学西侧沟边村民随意倾倒堆积所形成的垃圾堆是否负有法定的环境保护监管职责；二是被告是否依法履行了环境保护监管责任。

《中华人民共和国环境保护法》第六条第一款、第二款规定："一切单位和个人都有保护环境的义务。地方各级人民政府应当对本行政区域的环境质量负责。"第二十八条规定："地方各级人民政府应当根据环境保护目标和治理任务，采取有效措施，改善环境质量。"第三十七条规定："地方各级人民政府应当采取措施，组织对生活废弃物的分类处置、回收利用。"

根据以上法律法规条款，B 镇人民政府在本辖区范围内对其环境保护负有法定主体责任，其作为一级地方政府，应对本行政区域的环境质量负总责，对居民生活垃圾负有法定的处置责任，但 B 镇人民政府未依法履行职责，致使该镇初级中学西侧沟边垃圾大量堆积，严重污染周边环境，损害社会公共利益。

被告 B 镇人民政府未依法履行环境保护职责，B 镇人民政府应当积极作为，承担起环境保护的法定职责和社会责任，继续履行监管治理职责，切实保护周边生态环境。

案例二：原国家环境保护局制定的保护农作物的大气污染物最高允许排放浓度的国家标准显示，樱桃属于氟化物敏感农作物。

制铝公司以及公司的厂房与承包地仅一墙之隔，周围再无其他生产性企业。且科普资料显示，铝厂在生产过程中会产生氟化物、硫化物、一氧化碳等有毒物质。勘验记录中同时载明，承包地所栽植樱桃普遍存在叶片枯尖或焦边现象，部分树已枯死，大部分树基本没有结果，结果的树所结实果型较小且有畸形现象，证明甲受有损害。本案中，甲还提交一份自行委托 A 市农产品质量检验检测中心出具的检测报告，以及前述省农业科学院中心实验室出具的鉴定报告，均能证明涉案樱桃树叶中含氟量超标。证据相互印证，足以证明甲已就制铝公司的排污行为与涉案樱桃园的损害之间具有关联性完成了举证责任。后法院经审查，确认制铝公司构成环境侵权，判决其依法赔偿甲某的损失。

案例三：本案的争议焦点是大兴公司是否应赔偿甲精神抚慰金 2000 元的问

题。根据《中华人民共和国环境噪声污染防治法》第二条规定："环境噪声，是指在工业生产、建筑施工、交通运输和社会生活中所产生的干扰周围生活环境的声音。环境噪声污染，是指所产生的环境噪声超过国家规定的环境噪声排放标准，并干扰他人正常生活、工作和学习的现象。"本案中，根据 B 市环境保护局行政卷宗，大兴公司开发的项目在施工期间确实存在夜间施工噪声超标的情况，甲某居住的住所与该公司施工地点之间的距离比较近，结合 B 市环境保护局对施工噪声的检测分贝值，可以确认大兴公司夜间施工产生的噪声势必影响甲某的休息，导致其精神受到伤害，并根据甲某居住地址、周围建筑情况及其与大兴公司施工现场的距离，以及大兴公司施工期限、施工频率、噪声的强度的事实，酌定大兴公司赔偿甲某精神损害抚慰金 2000 元并无不妥。

【法条链接】

《中华人民共和国民法典》节选

第一千二百二十九条　因污染环境、破坏生态造成他人损害的，侵权人应当承担侵权责任。

第一千二百三十条　因污染环境、破坏生态发生纠纷，行为人应当就法律规定的不承担责任或者减轻责任的情形及其行为与损害之间不存在因果关系承担举证责任。

第一千二百三十一条　两个以上侵权人污染环境、破坏生态的，承担责任的大小，根据污染物的种类、浓度、排放量，破坏生态的方式、范围、程度，以及行为对损害后果所起的作用等因素确定。

第一千二百三十二条　侵权人违反法律规定故意污染环境、破坏生态造成严重后果的，被侵权人有权请求相应的惩罚性赔偿。

第一千二百三十三条　因第三人的过错污染环境、破坏生态的，被侵权人可以向侵权人请求赔偿，也可以向第三人请求赔偿。侵权人赔偿后，有权向第三人追偿。

《中华人民共和国固体废物污染环境防治法》节选

第五条　国家对固体废物污染环境防治实行污染者依法负责的原则。

产品的生产者、销售者、进口者、使用者对其产生的固体废物依法承担污染防治责任。

第六条　国家鼓励、支持固体废物污染环境防治的科学研究、技术开发、推广先进的防治技术和普及固体废物污染环境防治的科学知识。

各级人民政府应当加强防治固体废物污染环境的宣传教育，倡导有利于环境保护的生产方式和生活方式。

第七条　国家鼓励单位和个人购买、使用再生产品和可重复利用产品。

第八条　各级人民政府对在固体废物污染环境防治工作以及相关的综合利用活动中作出显著成绩的单位和个人给予奖励。

第九条　任何单位和个人都有保护环境的义务，并有权对造成固体废物污染环境的单位和个人进行检举和控告。

第二十八条　国务院经济综合宏观调控部门应当会同国务院有关部门组织研究、开发和推广减少工业固体废物产生量和危害性的生产工艺和设备，公布限期淘汰产生严重污染环境的工业固体废物的落后生产工艺、落后设备的名录。

生产者、销售者、进口者、使用者必须在国务院经济综合宏观调控部门会同国务院有关部门规定的期限内分别停止生产、销售、进口或者使用列入前款规定的名录中的设备。生产工艺的采用者必须在国务院经济综合宏观调控部门会同国务院有关部门规定的期限内停止采用列入前款规定的名录中的工艺。

列入限期淘汰名录被淘汰的设备，不得转让给他人使用。

第二十九条　县级以上人民政府有关部门应当制定工业固体废物污染环境防治工作规划，推广能够减少工业固体废物产生量和危害性的先进生产工艺和设备，推动工业固体废物污染环境防治工作。

第四十五条　从生活垃圾中回收的物质必须按照国家规定的用途或者标准使用，不得用于生产可能危害人体健康的产品。

第四十九条　农村生活垃圾污染环境防治的具体办法，由地方性法规规定。

《中华人民共和国水污染防治法》节选

第七条　国家鼓励、支持水污染防治的科学技术研究和先进适用技术的推广应用，加强水环境保护的宣传教育。

第十一条　任何单位和个人都有义务保护水环境，并有权对污染损害水环境的行为进行检举。

县级以上人民政府及其有关主管部门对在水污染防治工作中做出显著成绩的单位和个人给予表彰和奖励。

第二十二条　向水体排放污染物的企业事业单位和其他生产经营者，应当按照法律、行政法规和国务院环境保护主管部门的规定设置排污口；在江河、湖泊设置排污口的，还应当遵守国务院水行政主管部门的规定。

第三十三条　禁止向水体排放油类、酸液、碱液或者剧毒废液。

禁止在水体清洗装贮过油类或者有毒污染物的车辆和容器。

第三十四条　禁止向水体排放、倾倒放射性固体废物或者含有高放射性和中放射性物质的废水。

向水体排放含低放射性物质的废水，应当符合国家有关放射性污染防治的规定和标准。

第三十五条　向水体排放含热废水，应当采取措施，保证水体的水温符合水环境质量标准。

第三十六条　含病原体的污水应当经过消毒处理；符合国家有关标准后，方可排放。

第五十二条　国家支持农村污水、垃圾处理设施的建设，推进农村污水、垃圾集中处理。

地方各级人民政府应当统筹规划建设农村污水、垃圾处理设施，并保障其正常运行。

第六十五条　禁止在饮用水水源一级保护区内新建、改建、扩建与供水设施和保护水源无关的建设项目；已建成的与供水设施和保护水源无关的建设项目，由县级以上人民政府责令拆除或者关闭。

禁止在饮用水水源一级保护区内从事网箱养殖、旅游、游泳、垂钓或者其他可能污染饮用水水体的活动。

《中华人民共和国大气污染防治法》节选

第七条　企业事业单位和其他生产经营者应当采取有效措施，防止、减少大气污染，对所造成的损害依法承担责任。

公民应当增强大气环境保护意识，采取低碳、节俭的生活方式，自觉履行大气环境保护义务。

第二十七条　国家对严重污染大气环境的工艺、设备和产品实行淘汰制度。

国务院经济综合主管部门会同国务院有关部门确定严重污染大气环境的工艺、设备和产品淘汰期限，并纳入国家综合性产业政策目录。

生产者、进口者、销售者或者使用者应当在规定期限内停止生产、进口、销售或者使用列入前款规定目录中的设备和产品。工艺的采用者应当在规定期限内停止采用列入前款规定目录中的工艺。

被淘汰的设备和产品，不得转让给他人使用。

第三十六条　地方各级人民政府应当采取措施，加强民用散煤的管理，禁止销售不符合民用散煤质量标准的煤炭，鼓励居民燃用优质煤炭和洁净型煤，推广节能环保型炉灶。

第五十九条　在用重型柴油车、非道路移动机械未安装污染控制装置或者污染控制装置不符合要求，不能达标排放的，应当加装或者更换符合要求的污染控制装置。

第七十三条　地方各级人民政府应当推动转变农业生产方式，发展农业循环经济，加大对废弃物综合处理的支持力度，加强对农业生产经营活动排放大气污染物的控制。

第七十四条　农业生产经营者应当改进施肥方式，科学合理施用化肥并按照国家有关规定使用农药，减少氨、挥发性有机物等大气污染物的排放。

禁止在人口集中地区对树木、花草喷洒剧毒、高毒农药。

第七十五条　畜禽养殖场、养殖小区应当及时对污水、畜禽粪便和尸体等进行收集、贮存、清运和无害化处理，防止排放恶臭气体。

第七十六条　各级人民政府及其农业行政等有关部门应当鼓励和支持采用先进适用技术，对秸秆、落叶等进行肥料化、饲料化、能源化、工业原料化、食用菌基料化等综合利用，加大对秸秆还田、收集一体化农业机械的财政补贴力度。

县级人民政府应当组织建立秸秆收集、贮存、运输和综合利用服务体系，采用财政补贴等措施支持农村集体经济组织、农民专业合作经济组织、企业等开展秸秆收集、贮存、运输和综合利用服务。

第七十七条　省、自治区、直辖市人民政府应当划定区域，禁止露天焚烧秸秆、落叶等产生烟尘污染的物质。

第七十八条　国务院生态环境主管部门应当会同国务院卫生行政部门，根据大气污染物对公众健康和生态环境的危害和影响程度，公布有毒有害大气污染物名录,实行风险管理。

排放前款规定名录中所列有毒有害大气污染物的企业事业单位,应当按照国家有关规定建设环境风险预警体系,对排放口和周边环境进行定期监测,评估环境风险,排查环境安全隐患,并采取有效措施防范环境风险。

第七十九条 向大气排放持久性有机污染物的企业事业单位和其他生产经营者以及废弃物焚烧设施的运营单位,应当按照国家有关规定,采取有利于减少持久性有机污染物排放的技术方法和工艺,配备有效的净化装置,实现达标排放。

第八十条 企业事业单位和其他生产经营者在生产经营活动中产生恶臭气体的,应当科学选址,设置合理的防护距离,并安装净化装置或者采取其他措施,防止排放恶臭气体。

第八十一条 排放油烟的餐饮服务业经营者应当安装油烟净化设施并保持正常使用,或者采取其他油烟净化措施,使油烟达标排放,并防止对附近居民的正常生活环境造成污染。

《云南省农村人居环境整治三年行动实施方案 (2018—2020 年)》节选

二、重点任务

(二) 全面推进农村生活垃圾治理

采取"村收集镇转运县处理""组收集村(镇)转运镇(片区)处理""源头减量、就近就地处理"等多种模式,加大农村垃圾治理力度。原则上每户要有垃圾桶,每村(组)至少有 1 个以上垃圾收储设施,每个乡(镇)有必要的垃圾收运车辆和转运站;边远地区和不具备外运条件的农村生活垃圾,各地区可结合实际制定垃圾分类办法,进行源头分类减量,通过卫生填埋、堆肥或建设符合环保要求的小型垃圾焚烧设施等就近还田或就地处理。乡村集贸市场和学校等公共场所产生的垃圾,要同时进行处理。在农村生活垃圾分类和资源化利用示范县等有条件的地区,要建立与垃圾分类相适应的再生资源回收体系,积极探索形成垃圾处理产业链。在建立村庄保洁和垃圾清运收费制度的基础上,设立村庄保洁公益岗位,稳定保洁队伍,并优先安排建档立卡贫困对象担任村庄保洁员。开展非正规垃圾堆放点排查整治。

到 2018 年年底，乡（镇）镇区生活垃圾实现全收集全处理；到 2020年，村庄生活垃圾基本实现全收集全处理。

（三）深入推进农村生活污水治理

根据农村不同区位条件、村庄人口聚集程度、污水产生规模，因地制宜采用污染治理与资源利用相结合、工程措施与生态措施相结合、集中与分散相结合的建设模式和处理工艺。推动城镇污水管网向周边村庄延伸覆盖。积极推广低成本、低能耗、易维护、高效率的污水处理技术，鼓励采用生态处理工艺。加强生活污水源头减量和尾水回收利用。以房前屋后河塘沟渠为重点实施清淤疏浚，采取综合措施恢复水生态，逐步消除农村黑臭水体。将农村水环境治理纳入河长制、湖长制管理。加大污水处理设施建设力度，优先整治九大高原湖泊、饮用水水源地周边重点区域。到 2020 年，乡（镇）镇区生活污水处理设施基本实现全覆盖，旅游特色型、美丽宜居型村庄，九大高原湖泊周边的村庄生活污水处理设施基本实现全覆盖。

（四）大力推进农村厕所革命

在乡（镇）镇区和行政村村委会所在地公厕建设全覆盖的基础上，逐步消除旱厕，改造建设水冲式厕所。积极推进旅游村寨等旅游厕所改造建设。到 2020 年，新建改建公路交通沿线、景区（点）、自驾车营地及休息区、旅游特色小镇、旅游村、加油站点、铁路沿线旅游厕所 2700 座。加快推进农村无害化卫生户厕改造建设，推广水冲式卫生厕所改造模式，同步实施厕所粪污治理，原则上以"水冲厕 + 装配式三格化粪池 + 资源化利用"方式为主，推进厕所革命。拆除重建的农村危房、易地扶贫搬迁新建住房以及农户新建住房，按照"人畜分离、厨卫入户"的要求，配套建设无害化卫生户厕。鼓励各地区结合实际，单独建立猪、牛、羊等大型牲畜集中养殖区，集中建圈，科学养殖，推进畜禽粪污资源化利用。制定农村厕所革命三年行动计划，建立完善厕所建设运营管理机制。到 2020 年，改造建设 250 万座以上无害化卫生户厕，实现农村无害化卫生户厕覆盖率达 50% 以上。

第三节　自然资源保护

自然资源保护是指国家和社会为了确保自然资源的合理开发和可持续利用而采取的各种行动的总称。自然资源可分为实物资源和环境资源两大类。实物资源包括了土壤资源、矿产资源、水资源、生物资源，生物资源又可进一步细分为森林、草原、野生动植物等。本节重点在于阐述与农村联系更为密切的实物资源。

云南省被称为"动物王国""植物王国"和"有色金属王国"，云南省内具有较多的矿产资源、水资源、森林资源和动植物资源。大部分的自然资源都存在于农村地区或附近，因此，针对农村地区的自然资源保护就显得尤为重要。

【案例导入】

案例一：A市人民政府为了认真贯彻落实国土资源部等部门《对矿产资源开发进行整合的意见》等文件的精神，结合A市实际情况，制定了《A市鼓励矿山关停若干政策》和《A市矿山整治工作实施方案》，对全市持有合法、有效采矿许可证的矿山采取适当的奖励补助方式，鼓励矿山提前关停。基于上述政策，大东公司认为其采矿权的申请无法获得批准，遂提出了要求经济补偿的申请，A市财政局、A市国土局向A市人民政府请示后，决定按照提前三年关停地下矿山的标准，对大东公司补助资金46万元。大东公司做出以下书面承诺到期后注销。而到期后，大东公司继续从事探矿活动，并以市国土局扣留探矿权证违法，起诉至法院，要求政府赔偿损失。

案例二：20××年××月××日，A县农民甲在耕种时在农田边发现有一条蛇，该蛇体积较大，出于好心甲致电当地林业主管部门反映情况。林业主管部门工作人员联合消防、森林公安等部门共同行动，将蛇捕捕。后经A县林业部门鉴定，判断这是一条蟒。工作人员将其移入一个笼中，放到车上运回中心。经中心工作人员研究，这条蟒在觅食过程中不小心误食中毒，除了营养不良外，生命体征正常。中心工作人员为其补充营养，直至精神状态特别好后，将其放归了大自然。

【知识学习】

一、矿产资源保护

矿产资源是在地球演化过程中经过地质作用形成的，存在于地表或深埋地下的天然富集物。矿产资源是不可再生资源，也是当前人类社会生存和发展不可或缺的重要物质。

目前，我国92%以上的一次能源、80%的工业原材料和70%以上的农业生产资料都取自于矿产资源。我国矿产资源的特点是总量丰富，人均占有量小；

矿种比较齐全，但分布较广、分布不均；贫矿多、富矿少，中小型矿床多，大型矿床少等。

农村地区矿产资源开发存在的问题：

1. 矿床小，开发难度大。虽然我国具有种类较全的矿产，但绝大部分都为中小型矿，加之缺乏先进的设备和技术，农村矿产资源的开发利用率低。

2. 开采技术落后，破坏大。一些地区的矿产缺少先进技术与设备，不仅产量低下，而且没有安全保障。未做好规划的开发还造成资源的浪费和环境破坏。

3. 粗犷型开采多，资源过度开发。由于缺少科学合理的规划，很多矿产几乎是被掠夺式开采，在极短的几年内就被开采殆尽。

矿产资源保护的途径：

1. 利用新设备、新技术。资源的开发需改变原有方式，将粗放型改为集约型，合理调配，利用新设备、新技术开采，提高开采效率和利用率，降低开采存在的安全风险。

2. 严格遵循矿产管控制度。矿产的开发者严格遵守国家法律规定进行勘查登记、开采登记、资源有偿使用等制度。

二、野生动植物资源保护

农村动植物资源保护存在的问题：

1. 环境破坏缩小珍稀物种生存范围。野生动植物的栖息地被地表开发、矿产开采和农业耕地等不断影响、破坏。环境污染和破坏是直接威胁珍稀野生动植物生存的一大原因。

2. 珍稀动植物贩卖问题严重。在农村地区最为严重的莫过于对珍稀野生动植物的捕杀和食用，这一现象长期存在，且屡禁不止，对地区生态环境破坏极其严重，有损地区的形象。

3. 外来物种入侵。随着经济全球化发展，能冲击本土物种的外来物种随之入境，很多农民不具备专业知识，难以辨别，导致外来物种扎根本土以后疯狂地扩散，对生物多样性造成威胁。

野生动植物资源保护的途径：

1. 禁止非法捕猎、贩卖珍稀野生动植物。我国法律明确规定，禁止贩卖国家一级保护动物和一级保护植物；禁止非法猎杀珍稀野生动物，禁止盗挖珍稀野生植物，违反者将受到法律的严惩。

2. 野生动植物资源档案。国家有关行政主管部门定期对野生动植物资源进行调查，建立野生动植物资源档案。公民应当对违法私自收藏、贩卖野生动植物的个人和行为进行举报。

3. 合法经营利用。合法占有或经营野生动植物资源的组织和个人应当依法办理手续，并根据法律法规规定，在规定的范围内经营。

【案例解析】

案例一：根据我国宪法和《中华人民共和国矿产资源法》的规定，凡是在我国领域及管辖区域内的各种矿产资源均属于国家所有。任何单位和个人都无权随意占有或处理。因此，任何勘查单位进行矿产资源勘查工作都必须按照国家的规定履行勘查登记手续，领取合法的凭证，即勘查许可证，取得探矿权证。同时，勘查单位取得探矿权后，即在法律上确定了勘查资源的权利。取得探矿权的单位也需要在勘查过程中保障矿产资源的安全和周围环境不被破坏。在本案中，A 市人民政府为推动矿产资源的整合和环境保护，依法停止大东公司的探矿权，并对大东公司进行了补偿。而大东公司在收到补偿款后，并未停止勘查活动，违反法律及地方法规的规定，A 市国土局不承担赔偿责任。

案例二：根据《国家重点保护野生动物名录》的规定，蟒是国家一级保护野生动物。《陆生野生动物保护实施条例》第九条规定，任何单位和个人发现受伤、病弱、受困、迷途的国家和地方重点保护野生动物时，应当及时报告当地野生动物行政主管部门，由其采取救护措施，也可以就近送往具备救护条件的单位救护。在本案中，甲发现国家一级保护野生动物后，采取积极的救护措施，同时向当地林业主管部门报告，符合《陆生野生动物保护实施条例》的规定，所以甲的做法是合法的。在现实中，若发现有野生动物受伤、被困等情况，可以向当地野生动物行政主管部门（一般为林业部门）反映，或直接与当地野生动物救护驯养繁殖中心联系，都可以对野生动物保护起到积极作用。

【法条链接】

《中华人民共和国矿产资源法》节选

第三条　矿产资源属于国家所有，由国务院行使国家对矿产资源的所有权。地表或者地下的矿产资源的国家所有权，不因其所依附的土地的所有权或者使用权的不同而改变。

国家保障矿产资源的合理开发利用。禁止任何组织或者个人用任何手段侵占或者破坏矿产资源。各级人民政府必须加强矿产资源的保护工作。

勘查、开采矿产资源，必须依法分别申请、经批准取得探矿权、采矿权，并办理登记；但是，已经依法申请取得采矿权的矿山企业在划定的矿区范围内为本企业的生产而进行的勘查除外。国家保护探矿权和采矿权不受侵犯，保障矿区和勘查作业区的生产秩序、工作秩序不受影响和破坏。

从事矿产资源勘查和开采的，必须符合规定的资质条件。

第二十条　非经国务院授权的有关主管部门同意，不得在下列地区开采矿产资源：

（一）港口、机场、国防工程设施圈定地区以内；

（二）重要工业区、大型水利工程设施、城镇市政工程设施附近一定距离以内；

（三）铁路、重要公路两侧一定距离以内；

（四）重要河流、堤坝两侧一定距离以内；

（五）国家划定的自然保护区、重要风景区，国家重点保护的不能移动的历史文物和名胜古迹所在地；

（六）国家规定不得开采矿产资源的其他地区。

第二十一条　关闭矿山，必须提出矿山闭坑报告及有关采掘工程、不安全隐患、土地复垦利用、环境保护的资料，并按照国家规定报请审查批准。

第二十二条　勘查、开采矿产资源时，发现具有重大科学文化价值的罕见地质现象以及文化古迹，应当加以保护并及时报告有关部门。

第三十七条　集体矿山企业和个体采矿应当提高技术水平，提高矿产资源回收率。禁止乱挖滥采，破坏矿产资源。

集体矿山企业必须测绘井上、井下工程对照图。

第四十条　超越批准的矿区范围采矿的，责令退回本矿区范围内开采、赔偿损失，没收越界开采的矿产品和违法所得，可以并处罚款；拒不退回本矿区范围内开采，造成矿产资源破坏的，吊销采矿许可证，依照刑法有关规定对直接责任人员追究刑事责任。

第四十一条　盗窃、抢夺矿山企业和勘查单位的矿产品和其他财物的，破坏采矿、勘查设施的，扰乱矿区和勘查作业区的生产秩序、工作秩序的，分别依照刑法有关规定追究刑事责任；情节显著轻微的，依照治安管理处罚法有关规定予以处罚。

《中华人民共和国水法》节选

第三条　水资源属于国家所有。水资源的所有权由国务院代表国

家行使。农村集体经济组织的水塘和由农村集体经济组织修建管理的水库中的水，归各该农村集体经济组织使用。

第四条 开发、利用、节约、保护水资源和防治水害，应当全面规划、统筹兼顾、标本兼治、综合利用、讲求效益，发挥水资源的多种功能，协调好生活、生产经营和生态环境用水。

第六条 国家鼓励单位和个人依法开发、利用水资源，并保护其合法权益。开发、利用水资源的单位和个人有依法保护水资源的义务。

第七条 国家对水资源依法实行取水许可制度和有偿使用制度。但是，农村集体经济组织及其成员使用本集体经济组织的水塘、水库中的水的除外。国务院水行政主管部门负责全国取水许可制度和水资源有偿使用制度的组织实施。

第八条 国家厉行节约用水，大力推行节约用水措施，推广节约用水新技术、新工艺，发展节水型工业、农业和服务业，建立节水型社会。

各级人民政府应当采取措施，加强对节约用水的管理，建立节约用水技术开发推广体系，培育和发展节约用水产业。

单位和个人有节约用水的义务。

第九条 国家保护水资源，采取有效措施，保护植被，植树种草，涵养水源，防治水土流失和水体污染，改善生态环境。

第十条 国家鼓励和支持开发、利用、节约、保护、管理水资源和防治水害的先进科学技术的研究、推广和应用。

第十一条 在开发、利用、节约、保护、管理水资源和防治水害等方面成绩显著的单位和个人，由人民政府给予奖励。

《中华人民共和国野生动物保护法》节选

第五条 国家保护野生动物及其栖息地。县级以上人民政府应当制定野生动物及其栖息地相关保护规划和措施，并将野生动物保护经费纳入预算。

国家鼓励公民、法人和其他组织依法通过捐赠、资助、志愿服务等方式参与野生动物保护活动，支持野生动物保护公益事业。

本法规定的野生动物栖息地，是指野生动物野外种群生息繁衍的重要区域。

第六条 任何组织和个人都有保护野生动物及其栖息地的义务。

禁止违法猎捕野生动物、破坏野生动物栖息地。

任何组织和个人都有权向有关部门和机关举报或者控告违反本法的行为。野生动物保护主管部门和其他有关部门、机关对举报或者控告，应当及时依法处理。

第八条 各级人民政府应当加强野生动物保护的宣传教育和科学知识普及工作，鼓励和支持基层群众性自治组织、社会组织、企业事业单位、志愿者开展野生动物保护法律法规和保护知识的宣传活动。

教育行政部门、学校应当对学生进行野生动物保护知识教育。

新闻媒体应当开展野生动物保护法律法规和保护知识的宣传，对违法行为进行舆论监督。

第十二条 国务院野生动物保护主管部门应当会同国务院有关部门，根据野生动物及其栖息地状况的调查、监测和评估结果，确定并发布野生动物重要栖息地名录。

省级以上人民政府依法划定相关自然保护区域，保护野生动物及其重要栖息地，保护、恢复和改善野生动物生存环境。对不具备划定相关自然保护区域条件的，县级以上人民政府可以采取划定禁猎（渔）区、规定禁猎（渔）期等其他形式予以保护。

禁止或者限制在相关自然保护区域内引入外来物种、营造单一纯林、过量施洒农药等人为干扰、威胁野生动物生息繁衍的行为。

相关自然保护区域，依照有关法律法规的规定划定和管理。

第十五条 国家或者地方重点保护野生动物受到自然灾害、重大环境污染事故等突发事件威胁时，当地人民政府应当及时采取应急救助措施。

县级以上人民政府野生动物保护主管部门应当按照国家有关规定组织开展野生动物收容救护工作。

禁止以野生动物收容救护为名买卖野生动物及其制品。

第十七条 国家加强对野生动物遗传资源的保护，对濒危野生动物实施抢救性保护。

国务院野生动物保护主管部门应当会同国务院有关部门制定有关野生动物遗传资源保护和利用规划，建立国家野生动物遗传资源基因库，对原产我国的珍贵、濒危野生动物遗传资源实行重点保护。

第十八条 有关地方人民政府应当采取措施，预防、控制野生动物可能造成的危害，保障人畜安全和农业、林业生产。

第十九条 因保护本法规定保护的野生动物，造成人员伤亡、农作物或者其他财产损失的，由当地人民政府给予补偿。具体办法由省、自治区、直辖市人民政府制定。有关地方人民政府可以推动保险机构开展野生动物致害赔偿保险业务。

有关地方人民政府采取预防、控制国家重点保护野生动物造成危害的措施以及实行补偿所需经费，由中央财政按照国家有关规定予以补助。

第八章　法律程序

第一节　刑事诉讼程序

【案例导入】

杨某犯盗窃罪被某县公安机关立案侦查，在讯问过程中，侦查人员要求犯罪嫌疑人杨某亲笔书写供述，而杨某未履行，辩称需要委托邻居法律爱好者王某为其提供法律帮助。王某在侦查阶段要求会见杨某，侦查机关未许可。在审查起诉的过程中，杨某妻子为杨某聘请律师李某，李某要求会见杨某。在会见中李某得知杨某的财产已被公安机关扣押，而后，由律师李某向州人民检察院申诉。

【知识学习】

一、刑事诉讼的概念

刑事诉讼是指人民法院、人民检察院和公安机关（含国家安全机关等，下同）在当事人及其他诉讼参与人的参与下，依照法律规定的程序，解决被追诉者刑事责任问题的活动。

二、刑事诉讼的目的

刑事诉讼目的是指国家制定刑事诉讼法和进行刑事诉讼活动所期望达到的结果。可以区分为根本目的与直接目的。刑事诉讼根本目的的实现有赖于直接目的的实现。

三、公检法机关在刑事诉讼中的职能

公安机关主要负责对刑事案件的侦查、拘留、执行逮捕和预审的工作。检

察机关主要是负责检察、批准逮捕、检察机关直接受理的案件的侦查、提起公诉的工作。人民法院主要负责案件的审判工作。人民法院对检察机关提起的公诉案件以及公民根据法律规定直接向人民法院起诉的案件，依照法律的规定进行审理和作出判决。

四、辩护权的概念

辩护权是法律赋予受到刑事起诉的人，针对受到的指控进行反驳、辩解和申辩，以维护自身合法权益的一种诉讼权利。不受诉讼阶段、是否有罪及罪行轻重、案件调查情况、认罪态度的限制。

五、辩护人的概念

受到犯罪嫌疑人、被告人委托或有关机关指定，帮助犯罪嫌疑人、被告人行使辩护权，维护合法权益的人。犯罪嫌疑人除自行辩护以外，还可以委托1至2人作为辩护人。

六、辩护人的范围

犯罪嫌疑人可委托律师、人民团体、犯罪嫌疑人所在单位推荐的人、监护人、亲友作为辩护人。正在被执行刑罚或处于缓刑、假释考验期的人，依法被剥夺和限制人身自由的人，无行为能力人，限制行为能力人不得作为辩护人。

除与犯罪嫌疑人、被告人有近亲属关系或监护关系外，人民法院、人民检察院、公安机关、国家安全机关、监狱的现职人员不得作为辩护人；与本案审理结果有利害关系的人不得作为辩护人；外国人或者无国籍人不得作为辩护人。

七、辩护人的诉讼权利

阅卷权；会见通信权；调查取证权；申请强制变更权；知情权；非独立上诉权；申请回避权；申请控告权；意见权；人身保障权；拒绝辩护权。

八、辩护人的诉讼义务

辩护人收集的有关犯罪嫌疑人不在犯罪现场、未到达刑事责任年龄、属于依法不负刑事责任的精神病人的证据，应当及时告知公安机关、人民检察院。

辩护律师对在职业活动中知悉的委托人的有关情况和信息，应当予以保密。

九、辩护的种类

《中华人民共和国刑事诉讼法》（以下简称"刑事诉讼法"）规定的辩护种

类有三种，分别是：自行辩护、委托辩护和法律援助辩护。

【案例解析】

根据刑事诉讼法第三十四条第一款规定："犯罪嫌疑人自被侦查机关第一次讯问或者采取强制措施之日起，有权委托辩护人；在侦查期间职能委托律师作为辩护人。被告人有权随时委托辩护人。"因此，在侦查阶段，杨某委托王某不合法，王某只是法律爱好者，无权担任辩护人，更无权会见犯罪嫌疑人，公安机关做法合理，并无不妥。

律师李某持有律师执业证书、律师事务所证明和委托书这"三证"便可无须经侦查机关许可会见犯罪嫌疑人杨某。并且看守所应当及时安排会见，最迟不得超过 48 小时。

根据刑事诉讼法第一百一十七条规定："当事人和辩护人、诉讼代理人、利害关系人对于司法机关及其工作人员有下列行为之一的，有权向该机关申诉或者控告：（一）采取强制措施法定期限届满，不予以释放、解除或者变更的；（二）应当退还取保候审保证金不退还的；（三）对与案件无关的财物采取查封、扣押、冻结措施的；（四）应当解除查封、扣押、冻结不解除的；（五）贪污、挪用、私分、调换、违反规定使用查封、扣押、冻结的财物的。受理申诉或者控告的机关应当及时处理。对处理不服的，可以向同级人民检察院申诉；人民检察院直接受理的案件，可以向上一级人民检察院申诉。人民检察院对申诉应当及时进行审查，情况属实的，通知有关机关予以纠正。"可见，律师李某可以首先向县公安机关申诉，县公安机关应当及时处理。对处理不服的李某还可以向县检察院申诉。县检察院对申诉应当及时进行审查，情况属实的，应当通知县公安机关予以纠正。而本案中李某直接向州检察院申诉不合理。

【法条链接】

《中华人民共和国刑事诉讼法》节选

第二条　中华人民共和国刑事诉讼法的任务，是保证准确、及时地查明犯罪事实，正确应用法律，惩罚犯罪分子，保障无罪的人不受刑事追究，教育公民自觉遵守法律，积极同犯罪行为作斗争，维护社会主义法制，尊重和保障人权，保护公民的人身权利、财产权利、民主权利和其他权利，保障社会主义建设事业的顺利进行。

第三条　对刑事案件的侦查、拘留、执行逮捕、预审，由公安机关负责。检察、批准逮捕、检察机关直接受理的案件的侦查、提起公诉，由人民检察院负责。审判由人民法院负责。除法律特别规定的以外，其他任何机关、团体和个人都无权行使这些权力。

人民法院、人民检察院和公安机关进行刑事诉讼，必须严格遵守本法和其他法律的有关规定。

第九条　各民族公民都有用本民族语言文字进行诉讼的权利。人民法院、人民检察院和公安机关对于不通晓当地通用的语言文字的诉讼参与人，应当为他们翻译。

在少数民族聚居或者多民族杂居的地区，应当用当地通用的语言进行审讯，用当地通用的文字发布判决书、布告和其他文件。

第十四条　人民法院、人民检察院和公安机关应当保障犯罪嫌疑人、被告人和其他诉讼参与人依法享有的辩护权和其他诉讼权利。

诉讼参与人对于审判人员、检察人员和侦查人员侵犯公民诉讼权利和人身侮辱的行为，有权提出控告。

第十六条　有下列情形之一的，不追究刑事责任，已经追究的，应当撤销案件，或者不起诉，或者终止审理，或者宣告无罪：

（一）情节显著轻微、危害不大，不认为是犯罪的；

（二）犯罪已过追诉时效期限的；

（三）经特赦令免除刑罚的；

（四）依照刑法告诉才处理的犯罪，没有告诉或者撤回告诉的；

（五）犯罪嫌疑人、被告人死亡的；

（六）其他法律规定免予追究刑事责任的。

第三十四条　犯罪嫌疑人自被侦查机关第一次讯问或者采取强制措施之日起，有权委托辩护人；在侦查期间，只能委托律师作为辩护人。被告人有权随时委托辩护人。

侦查机关在第一次讯问犯罪嫌疑人或者对犯罪嫌疑人采取强制措施的时候，应当告知犯罪嫌疑人有权委托辩护人。人民检察院自收到移送审查起诉的案件材料之日起三日以内，应当告知犯罪嫌疑人有权委托辩护人。人民法院自受理案件之日起三日以内，应当告知被告人有权委托辩护人。犯罪嫌疑人、被告人在押期间要求委托辩护人的，人民法院、人民检察院和公安机关应当及时转达其要求。

犯罪嫌疑人、被告人在押的，也可以由其监护人、近亲属代为委托辩护人。

辩护人接受犯罪嫌疑人、被告人委托后，应当及时告知办理案件的机关。

　　第三十七条　辩护人的责任是根据事实和法律，提出犯罪嫌疑人、被告人无罪、罪轻或者减轻、免除其刑事责任的材料和意见，维护犯罪嫌疑人、被告人的诉讼权利和其他合法权益。

　　第三十八条　辩护律师在侦查期间可以为犯罪嫌疑人提供法律帮助；代理申诉、控告；申请变更强制措施；向侦查机关了解犯罪嫌疑人涉嫌的罪名和案件有关情况，提出意见。

　　第三十九条　辩护律师可以同在押的犯罪嫌疑人、被告人会见和通信。其他辩护人经人民法院、人民检察院许可，也可以同在押的犯罪嫌疑人、被告人会见和通信。

　　辩护律师持律师执业证书、律师事务所证明和委托书或者法律援助公函要求会见在押的犯罪嫌疑人、被告人的，看守所应当及时安排会见，至迟不得超过四十八小时。

　　危害国家安全犯罪、恐怖活动犯罪案件，在侦查期间辩护律师会见在押的犯罪嫌疑人，应当经侦查机关许可。上述案件，侦查机关应当事先通知看守所。

　　辩护律师会见在押的犯罪嫌疑人、被告人，可以了解案件有关情况，提供法律咨询等；自案件移送审查起诉之日起，可以向犯罪嫌疑人、被告人核实有关证据。辩护律师会见犯罪嫌疑人、被告人时不被监听。

　　辩护律师同被监视居住的犯罪嫌疑人、被告人会见、通信，适用第一款、第三款、第四款的规定。

第二节　行政诉讼程序

【案例导入】

　　2014 年 1 月 8 日，某省国土资源厅向某州人民政府出具《关于某州某县中心街办 2013 年度第一批次城镇建设用地的批复》。2015 年 8 月 12 日，某县杨某等村民因不服经某省人民政府批准某省国土资源厅作出的批复，以某省人民政府为被申请人，向某省人民政府申请行政复议。2015 年 12 月 2 日，某省人民政府作出《驳回行政复议申请决定书》，以申请人超过法定的 60 日行政复议申请期限，申请人提出的行政复议申请不符合《中华人民共和国行政复议法》（以下简称"行

政复议法")及其实施条例规定的受理条件为由,驳回申请人提出的行政复议申请。杨某不服批复,向人民法院提起诉讼,请求确认某省国土资源厅作出的上述批复无效。

【知识学习】

一、行政诉讼的概念

行政诉讼是指公民、法人或者其他组织认为行政机关和行政机关工作人员的行政行为侵犯其合法权益,有权依照我国行政诉讼法,向人民法院提起诉讼的活动。

二、行政诉讼与行政复议的关系

(一)复议和诉讼自由选择

1. 选择复议后,对复议决定不服还可以向法院起诉;

2. 选择诉讼,则法院判决后不得再复议。

(二)必须先复议后才能诉讼

1. 纳税争议(纳税的主体、范围、数额、方式、比例,不含对反倾销税、处罚、强制措施和强制执行不服);

2. 侵犯已经取得的自然资源权利:裁决、确权处理或发证确认(排除:初次申请权属登记即许可、处罚、强制等)争议九大自然资源(土地、林权等)的所有权、使用权;

3. 反垄断限制集中或不予限制集中的决定。

(三)复议和诉讼任选一种的情况

对省部级单位审理自身行为的复议决定仍不服,申请国务院裁决或向法院起诉,国务院裁决或法院裁决具有终局性。

(四)复议前置且终局情况

1. 省级政府根据国务院或省政府对行政区划的勘定、调整或征收土地决定作出的关于九大自然资源权属的复议决定;

2. 出入境管理中对外国人限制人身自由的复议决定。

三、提起行政诉讼的条件

1. 行政诉讼的原告是指认为具体行政行为侵犯其合法权益的公民、法人或其他组织；

2. 有明确的被告（一般为行政机关或法律、法规、规章授权的组织）；

3. 有具体的诉讼请求和事实根据；

4. 属于人民法院受案范围和受诉人民法院管辖。

四、行政诉讼的被告

（一）一般情况

在普通情况下，行政诉讼中的被告可能是以下几类：

1. 作出行政行为的行政机关；

2. 行政机构的派出机关；

3. 法律、法规、规章授权的组织；

4. 委托行使其权力的机关；

5. 有作为义务而不作为的机关；

6. 被撤销的被告继受职权的主体。

（二）特殊情况

1. 行为主体是被授权机构。被告不确权时告机构；幅度越权告机构；种类越权告所属机构。

2. 行为主体是共同行为。被告为共同被告（原告不同意追加的转列为第三人）。

3. 行为主体是经批准的行为。被告为对外文书上签名盖章的机关。

4. 行为主体是经过复议的案件，复议维持的。原机关和复议机关是共同被告。

5. 行为主体是经过复议的案件，复议改变的。被告为复议机关。

6. 行为主体是经过复议的案件，复议不作为的。可以起诉原机关，也可起诉复议机关。

7. 行为主体是行政许可的案件。被告为盖章发证的机关，但对批准或不批准行为不服一并提起诉讼的，以上级行政机关为共同被告。

【案例解析】

行政复议法第三十二条第二款规定："根据国务院或省、自治区、直辖市人民政府对行政区划的勘定、调整或者征用土地的决定，省、自治区、直辖市人民政府确认土地、矿藏、水流、森林、山岭、草原、荒地、滩涂、海域等自然资源的所有权或者使用权的行政复议决定为最终裁决。"

本案中的批复是经某省人民政府批准由某省国土资源厅代表省人民政府作

出的批准征用土地的批复，属于法律规定由行政机关作出的最终裁决。《中华人民共和国行政诉讼法》第十三条第四项规定："人民法院不受理公民、法人或者其他组织对下列事项提起的诉讼：……（四）法律规定由行政机关最终裁决的行政行为。"因此，杨某对批复提起的行政诉讼，不属于人民法院行政诉讼的受案范围，杨某的请求不会得到人民法院的支持。

【法条链接】

《中华人民共和国行政诉讼法》

第十二条　人民法院受理公民、法人或者其他组织提起的下列诉讼：

（一）对行政拘留、暂扣或者吊销许可证和执照、责令停产停业、没收违法所得、没收非法财物、罚款、警告等行政处罚不服的；

（二）对限制人身自由或者对财产的查封、扣押、冻结等行政强制措施和行政强制执行不服的；

（三）申请行政许可，行政机关拒绝或者在法定期限内不予答复，或者对行政机关作出的有关行政许可的其他决定不服的；

（四）对行政机关作出的关于确认土地、矿藏、水流、森林、山岭、草原、荒地、滩涂、海域等自然资源的所有权或者使用权的决定不服的；

（五）对征收、征用决定及其补偿决定不服的；

（六）申请行政机关履行保护人身权、财产权等合法权益的法定职责，行政机关拒绝履行或者不予答复的；

（七）认为行政机关侵犯其经营自主权或者农村土地承包经营权、农村土地经营权的；

（八）认为行政机关滥用行政权力排除或者限制竞争的；

（九）认为行政机关违法集资、摊派费用或者违法要求履行其他义务的；

（十）认为行政机关没有依法支付抚恤金、最低生活保障待遇或者社会保险待遇的；

（十一）认为行政机关不依法履行、未按照约定履行或者违法变更、解除政府特许经营协议、土地房屋征收补偿协议等协议的；

（十二）认为行政机关侵犯其他人身权、财产权等合法权益的。

除前款规定外，人民法院受理法律、法规规定可以提起诉讼的其他行政案件。

第十三条 人民法院不受理公民、法人或者其他组织对下列事项提起的诉讼：

（一）国防、外交等国家行为；

（二）行政法规、规章或者行政机关制定、发布的具有普遍约束力的决定、命令；

（三）行政机关对行政机关工作人员的奖惩、任免等决定；

（四）法律规定由行政机关最终裁决的行政行为。

第四十四条 对属于人民法院受案范围的行政案件，公民、法人或者其他组织可以先向行政机关申请复议，对复议决定不服的，再向人民法院提起诉讼；也可以直接向人民法院提起诉讼。

法律、法规规定应当先向行政机关申请复议，对复议决定不服再向人民法院提起诉讼的，依照法律、法规的规定。

第四十五条 公民、法人或者其他组织不服复议决定的，可以在收到复议决定书之日起十五日内向人民法院提起诉讼。复议机关逾期不作决定的，申请人可以在复议期满之日起十五日内向人民法院提起诉讼。法律另有规定的除外。

第四十六条 公民、法人或者其他组织直接向人民法院提起诉讼的，应当自知道或者应当知道作出行政行为之日起六个月内提出。法律另有规定的除外。

因不动产提起诉讼的案件自行政行为作出之日起超过二十年，其他案件自行政行为作出之日起超过五年提起诉讼的，人民法院不予受理。

第四十七条 公民、法人或者其他组织申请行政机关履行保护其人身权、财产权等合法权益的法定职责，行政机关在接到申请之日起两个月内不履行的，公民、法人或者其他组织可以向人民法院提起诉讼。法律、法规对行政机关履行职责的期限另有规定的，从其规定。

公民、法人或者其他组织在紧急情况下请求行政机关履行保护其人身权、财产权等合法权益的法定职责，行政机关不履行的，提起诉讼不受前款规定期限的限制。

第三节　民事诉讼程序

【案例导入】

　　家住 A 县城南郊区的赵某与家住 B 县的杨某于 2010 年 11 月结婚，婚后双方在 B 县居住（赵某的户口未迁移）。2012 年 6 月，赵某被单位派往 C 县办事处工作，大约两个月回 B 县一次，由于两地分居，双方感情上出现了一些问题。2014 年 12 月，杨某向 A 县法院提起诉讼，要求与赵某离婚。A 县法院立案后发现，被告赵某自结婚以后便搬到 B 县居住，案件应当由 B 县法院管辖，遂裁定将案件移送至 B 县法院。B 县法院收到移送的案件后，发现被告多年不在本区居住，而且原告起诉时被告已经在 C 县连续居住近两年时间，因此认为 C 县是被告的经常居住地，遂将案件又裁定移送至 C 县法院。C 县法院则认为，被告的户口不在本县，案件应当由其户籍所在地法院管辖，遂将案件又移送给 A 县法院。

【知识学习】

一、民事诉讼概述

（一）民事诉讼基本制度

1. 民事诉讼，是指法院在所有诉讼参与人的参加下，按照法律规定的程序，审理和解民事案件的诉讼活动以及在活动中产生的各种法律关系的总和。

2. 民事诉讼法的基本制度，是在民事诉讼活动过程中的某个阶段或几个阶段对人民法院的民事审判起重要作用的行为准则。我国民事诉讼法的基本制度有：合议制、回避制、公开审判制、两审终审制。

3. 诉讼权利能力，又称当事人诉讼权利能力或者当事人能力，是指成为民事诉讼当事人，享有民事诉讼权利和承担民事诉讼义务所必需的诉讼法上的资格。

4. 诉讼行为能力，又称诉讼能力，是指当事人可以亲自实施诉讼行为，并通过自己的行为，行使诉讼权利和承担诉讼义务的诉讼法上的资格。

（二）当事人

1. 民事诉讼中的当事人，是指因民事权利义务发生争议，以自己的名义进行诉讼，要求法院行使民事裁判权的人。当事人，有狭义和广义之分。广义上的当事人，除原告和被告以外，还包括共同起诉人、诉讼中的第三人。狭义上的当事人仅指原告和被告。

2. 原告，是指为维护自己或自己所管理的他人的民事权益，而以自己的名义向法院起诉，从而引起民事诉讼程序发生的人。

3. 被告，是指被原告诉称侵犯原告民事权益或与原告发生民事争议，而由法院通知应诉的人。

4. 民事诉讼的第三人，是指对原告和被告所争议的诉讼标的有独立的请求权，或者虽然没有独立的请求权，但与案件的处理结果有法律上的利害关系，而参加到正在进行的诉讼中去的人。

5. 诉讼代表人，是指由人数众多的一方当事人推选出来，代表其利益实施诉讼行为的人。

二、民事诉讼中的管辖

（一）管辖概述

1. 管辖，是指各级法院之间和同级法院之间受理第一审民事案件的分工和权限，它是在法院内部确定具体的某一民事案件由哪个法院行使民事审判权的一项制度。

2. 管辖恒定，是指确定案件的管辖权，以起诉时为标准，起诉时对案件享有管辖权的法院，不因确定管辖的相关因素在诉讼过程中发生变化而影响其管辖权。

（二）级别管辖

1. 中级人民法院的管辖范围。（1）重大涉外案件，包括：争议标的额大的案件、案情复杂的案件、双方当事人人数众多等具有重大影响的案件。（2）以下任何一个因素涉外：经常居所地涉外、诉讼标的物涉外、法律事实涉外。（3）本辖区内有重大影响的案件：诉讼标的额大或诉讼单位为省、自治区、直辖市以上。

2. 基层人民法院的管辖范围。（1）第一审民事案件原则上由基层法院管辖；（2）特别程序、督促程序与公示催告程序；（3）简易程序；（4）小额诉讼。

3. 高级法院的管辖范围。根据《民事诉讼法》相关规定，在本辖区范围内有重大影响的案件。

4. 最高人民法院的管辖范围。根据《民事诉讼法》相关规定，最高院管辖下列案件：（1）全国范围有重大影响的案件；（2）认为应当由本院审理的

案件。

（三）地域管辖

地域管辖，是指按照各法院的辖区和民事案件的隶属关系来划分诉讼管辖。

地域管辖分为一般地域管辖和特殊地域管辖。一般地域管辖，是指以当事人的所在地与法院的隶属关系来确定的诉讼管辖。一般地域管辖中实行"原告就被告"的原则，即以被告所在地作为确定管辖的标准。特殊地域管辖，又称特别管辖或特殊管辖，是以被告住所地，诉讼标的或者引起法律关系发生、变更、消灭的法律事实所在地为标准而确定的管辖法院。特殊地域管辖是相对于一般地域管辖而言，针对案件的特殊情况，由法律所确定的有两个以上的法院对特殊案件有管辖权的特殊地域管辖方式。

三、提起民事诉讼的条件

在下列情况下，可以提起民事诉讼：（1）原告是与本案有直接利害关系的公民、法人或者其他组织。比如，婚姻纠纷，夫或妻都可以提起离婚诉讼，但他们的子女或者父母不得以自己的名义对夫或妻提起离婚诉讼。（2）有明确的被告。即原告必须指出被诉对象是谁，是某公民、某单位，还是某公司、企业。没有明确的被告，法律关系无法证实，人民法院也无从开始审判活动。（3）有具体的诉讼请求和事实理由。比如，请求确认双方的收养关系，请求确认某公民失踪或者死亡；请求对方赔偿损失，请求对方偿还贷款本息；请求离婚，请求变更或者撤销合同。事实，指作为诉讼标的法律关系发生、变更或者消灭的事实。比如，婚姻纠纷、婚姻缔结的时间、双方感情状况。理由，指提出诉讼的原因，比如，要求离婚，是因为双方感情破裂。（4）属于人民法院受理民事诉讼的范围和受诉人民法院管辖。人民法院收到起诉状或者口头起诉后，应当审查原告起诉是否符合民事诉讼法规定的起诉条件。认为符合起诉条件的，应当在 7 日内立案，并通知当事人。认为不符合起诉条件的，应当在 7 日内裁定不予受理；原告对不受理的裁定不服的，可以提起上诉。

【案例分析】

普通民众在不了解民事诉讼程序前往往会陷入误区，对于法院的管辖权一般会有两种观点：一是有人认为，被告的住所地应当以户籍为准，赵某的户籍地从未发生改变，所以应由 A 县法院管辖。二是有人认为，被告的户籍地与经常居住地不一致，以经常居住地为被告住宿地，所以认为 C 县为赵某的经常居住地，应由 C 县法院管辖。

《最高人民法院关于适用〈中华人民共和国民事诉讼法〉若干问题的意见》

规定：公民的住所地是指公民的户籍所在地，法人的住所地是指法人的主要营业地或者主要办事机构所在地。公民的经常居住地是指公民离开住所地至起诉时已连续居住一年以上的地方。但公民住院就医的地方除外。公民由其户籍所在地迁出后至迁入另一地之前，无经常居住地的，仍以其原户籍所在地为住所。本案中赵某从未迁移过户口，而婚后被派往 C 县工作，已连续居住一年以上，因此应当认定 C 县为赵某的经常居住地，本案也应当由 C 县法院管辖。

【法条链接】

《中华人民共和国民事诉讼法》

第二条　中华人民共和国民事诉讼法的任务，是保护当事人行使诉讼权利，保证人民法院查明事实，分清是非，正确适用法律，及时审理民事案件，确认民事权利义务关系，制裁民事违法行为，保护当事人的合法权益，教育公民自觉遵守法律，维护社会秩序、经济秩序，保障社会主义建设事业顺利进行。

第三条　人民法院受理公民之间、法人之间、其他组织之间以及他们相互之间因财产关系和人身关系提起的民事诉讼，适用本法的规定。

第八条　民事诉讼当事人有平等的诉讼权利。人民法院审理民事案件，应当保障和便利当事人行使诉讼权利，对当事人在适用法律上一律平等。

第九条　人民法院审理民事案件，应当根据自愿和合法的原则进行调解；调解不成的，应当及时判决。

第十一条　各民族公民都有用本民族语言、文字进行民事诉讼的权利。

在少数民族聚居或者多民族共同居住的地区，人民法院应当用当地民族通用的语言、文字进行审理和发布法律文书。

人民法院应当对不通晓当地民族通用的语言、文字的诉讼参与人提供翻译。

第十七条　基层人民法院管辖第一审民事案件，但本法另有规定的除外。

第二十一条　对公民提起的民事诉讼，由被告住所地人民法院管辖；被告住所地与经常居住地不一致的，由经常居住地人民法院管辖。

对法人或者其他组织提起的民事诉讼，由被告住所地人民法院管辖。

同一诉讼的几个被告住所地、经常居住地在两个以上人民法院辖区的，各该人民法院都有管辖权。

第二十八条　因侵权行为提起的诉讼，由侵权行为地或者被告住所地人民法院管辖。

第三十三条　下列案件，由本条规定的人民法院专属管辖：

（一）因不动产纠纷提起的诉讼，由不动产所在地人民法院管辖；

（二）因港口作业中发生纠纷提起的诉讼，由港口所在地人民法院管辖；

（三）因继承遗产纠纷提起的诉讼，由被继承人死亡时住所地或者主要遗产所在地人民法院管辖。

第三十四条　合同或者其他财产权益纠纷的当事人可以书面协议选择被告住所地、合同履行地、合同签订地、原告住所地、标的物所在地等与争议有实际联系的地点的人民法院管辖，但不得违反本法对级别管辖和专属管辖的规定。

第四节　仲裁程序

【案例导入】

2014 年 4 月，张某受尹某聘请，到某公司在某市某镇的拆迁工地打工，因墙体垮塌导致廖某眼部严重受伤。尹某与该公司互相推诿，拒不认可与张某存在劳动关系，更未支付相应赔偿金。张某无奈之下于同年 9 月申请法律援助，并要求该公司按照工伤标准予以赔偿。州法律援助中心律师接受指派后，当天内便与张某会面，深入了解案情，两天内将相关文书准备充分，三天内即向市人社局递交了工伤认定申请。

2014 年 10 月底，某公司举示了一份旧房拆除合同，证明已经将该工程分包给了 A 市某公司，并主张张某与其不存在劳动关系。市人社局据此做出中止工伤认定的决定。援助律师随即与 A 市某公司取得联系，并向其披露了案件情况，但该公司声称与某公司并没有业务往来，也不认识签订旧房拆除合同的公司代表人尹某，且该合同上的用印印章已于 2013 年经法定程序被销毁。援助律师辗转多地，掌握了尹某个人实际情况后，于当年 11 月以某公司为被申请人向市劳动人事争议仲裁委员会递交了确认劳动关系申请。

【知识学习】

一、仲裁与仲裁法概述

仲裁，是指发生争议的双方当事人，根现其在争议发生前或争议发生后所达成的协议，自愿将该争议提中立的第三者进行裁判的争议解决制度和方式。《中华人民共和国仲裁法》（以下简称"仲裁法"）规定的仲裁制度，主要用于解决民商事争议。

仲裁法，是国家制定或认可的、规范仲裁法律关系主体的行为和调整仲裁法律关系的法律规范的总称。

国内仲裁，是指本国仲裁机构对不具有涉外因素的国内民商事纠纷的仲裁。涉外仲裁，是指涉及外国或外法城的民商事纠纷的仲裁，即基于公民、法人或其他组织之间及其相互之间，在涉外经济贸易、运输海事中发生的民商事纠纷的仲裁。我国仲裁法颁布后，所有仲裁机构均可根据当事人的仲裁协议受理国内仲裁案件和涉外仲裁案件。

仲裁范围，即仲裁的适用范围，是指仲裁作为种解决纠纷的一种方式，可以解决哪些纠纷，不能解决哪些纠纷，也就是我们通常所说的"争议可仲裁性"。

一裁终局制度，是指仲裁裁决一经仲裁庭作出，即为终局裁决。仲裁裁决作出后，当事人就同一纠纷再申请仲裁或者向人民法院起诉，仲裁委员会或者人民法院不予受理。当事人应当自动履行仲裁裁决，一方当事人不履行的，另一方当事人可以向法院申请强制执行。

二、仲裁委员会和仲裁规则

仲裁委员会可以在直辖市和省、自治区人民政府所在地的市设立，也可以根据需要在其他地区设立，但县级没有仲裁委员。

仲裁规则，是指进行仲裁程序所应遵循和适用的规范。

三、仲裁协议

仲裁协议，是指双方当事人自愿将他们之间已经发生或者可能发生的争议提交仲裁解决的书面协议，是双方当事人所表达的采用仲裁方式解决纠纷意愿的法律文书。

仲裁事项，即当事人提交仲裁的具体争议事项。

仲裁条款的独立性，是指作为主合同的一个条款，尽管仲裁条款依附于主合同，但其效力与主合同的其他条款可以分离而独立，即仲裁条款不因主合同的无效而无效，不因主合同被撤销而失效，也不因合同成立而影响其效力，仲裁机构仍然可以依照该仲裁条款取得和行使仲裁管辖权，在该仲裁条款所确定的提交仲裁的争议事项范围内，解决当事人之间的纠纷。

四、仲裁当事人与代理人

仲裁当事人，是指依据有效的仲裁协议，以自己的名义参加仲裁程序，并受仲裁裁决约束的公民、法人和其他组织。仲裁当事人，不叫原告和被告，而称为仲裁申请人和被申请人。依法向仲裁委员会提出仲裁申请的人，被称为仲裁申请人；对方当事人被称为被申请人。

五、仲裁庭的组成

仲裁庭，是指由当事人选定或者仲裁委员会主任指定的仲裁员组成的，对当事人申请仲裁的案件依仲裁程序进行审理并作出裁决的组织形式。仲裁庭可以由3名仲裁员或者1名仲裁员组成，由3名仲裁员组成的，设首席仲裁员。

六、仲裁审理

仲裁审理的方式，分为开庭审理和书面审理两种。开庭审理，是指在仲裁庭的主持下在双方当事人和其他仲裁参与人的参加下，按照法定程序，对案件进行审理并作出裁决的方式。书面审理，是指双方当事人及其他仲裁参与人不到庭参加审理的情况下，仲裁庭根据当事人提供的仲裁申请书、答辩书以及其他书面材料作出裁决过程。

【案例解析】

A市劳动人事争议仲裁委员会采纳了援助律师的代理意见，认定某公司举示的旧房拆除合同系尹某伪造他人印章而为，与A市某公司无关。某公司在签订该合同时没有尽到合理审查义务，将工程分包给了不具有用工主体资格的自然人尹某，具有重大过错。张某虽系尹某所聘请，也未签订书面合同，但事实劳动关系已经存在，用工主体责任则应由发包人某公司承担，遂作出了上述裁决。该裁决为张某向公司进行工伤索赔打下了坚实基础，援助律师也将在下一步工作中继续为张某提供无偿法律帮助。

【法条链接】

《中华人民共和国仲裁法》

第二条　平等主体的公民、法人和其他组织之间发生的合同纠纷和其他财产权益纠纷，可以仲裁。

第三条　下列纠纷不能仲裁：

（一）婚姻、收养、监护、扶养、继承纠纷；

（二）依法应当由行政机关处理的行政争议。

第四条　当事人采用仲裁方式解决纠纷，应当双方自愿，达成仲裁协议。没有仲裁协议，一方申请仲裁的，仲裁委员会不予受理。

第五条　当事人达成仲裁协议，一方向人民法院起诉的，人民法院不予受理，但仲裁协议无效的除外。

第九条　仲裁实行一裁终局的制度。裁决作出后，当事人就同一纠纷再申请仲裁或者向人民法院起诉的，仲裁委员会或者人民法院不予受理。

裁决被人民法院依法裁定撤销或者不予执行的，当事人就该纠纷可以根据双方重新达成的仲裁协议申请仲裁，也可以向人民法院起诉。

第十条　仲裁委员会可以在直辖市和省、自治区人民政府所在地的市设立，也可以根据需要在其他设区的市设立，不按行政区划层层设立。

仲裁委员会由前款规定的市的人民政府组织有关部门和商会统一组建。

设立仲裁委员会，应当经省、自治区、直辖市的司法行政部门登记。

第十六条　仲裁协议包括合同中订立的仲裁条款和以其他书面方式在纠纷发生前或者纠纷发生后达成的请求仲裁的协议。仲裁协议应当具有下列内容：

（一）请求仲裁的意思表示；

（二）仲裁事项；

（三）选定的仲裁委员会。

第十七条　有下列情形之一的，仲裁协议无效：

（一）约定的仲裁事项超出法律规定的仲裁范围的；

（二）无民事行为能力人或者限制民事行为能力人订立的仲裁协议；

（三）一方采取胁迫手段，迫使对方订立仲裁协议的。

第五节　人民调解程序

【案例导入】

潘某与谢某是同村委会同村民小组的村邻加亲戚，地连地，路共行。潘某一家常年在外，家里的山林、土地、房屋均托付亲戚照管。谢某于 2016 年 10 月，未考虑他人利益是否受损，在其与潘某相连的耕地上埂栽植核桃树数棵，从而引发潘某对谢某不闻不问、不商量的做法极端不满。潘某冲动之下就请挖机将两户进地道路挖断，给谢某生产生活造成困难，从而引发纠纷。

村调委会接到谢某的调解申请后，立马到现场核实并通知双方当事人进行调处，但潘某无调解意愿，拒绝参加调处。该镇人民调解委员会接到谢某的调解申请后，及时通知潘某到现场进行调解，但潘某多次以事多没空为由拒绝参加调解，经人民调解委员会四次电话与潘某沟通后，潘某于 2017 年 12 月 26 日下午从外地赶回，在镇调委会的主持下，双方进行现场调解。调委会坚持"法理情""互谅互让""远亲不如近邻"等调解原则，分析双方争议的焦点，对当事人及亲属进行思想疏导教育，引导双方换位思考，互相谅解。在调解员的耐心劝导下，双方对各自的所作所为承认错误，同时对过错要求进行整改达成共识。经过调委会 3 小时的调解，成功化解了这起山林土地纠纷，有效避免了当事人之间矛盾的激化，维护了社会和谐稳定。

【知识学习】

一、人民调解的概述

1. 人民调解，是指人民调解委员会通过说服、疏导等方法，促使当事人在平等协商基础上自愿达成调解协议，解决民间纠纷的活动。

2. 人民调解遵循的原则：

（1）在当事人自愿、平等的基础上进行调解；

（2）不违背法律、法规和国家政策；

（3）尊重当事人的权利，不得因调解而阻止当事人依法通过仲裁、行政、司法等途径维护自己的权利。

3. 人民调解委员会调解民间纠纷，不收取任何费用。

4. 国务院司法行政部门负责指导全国的人民调解工作，县级以上地方人民政府司法行政部门负责指导本行政区域的人民调解工作。基层人民法院对人民调解委员会调解民间纠纷进行业务指导。

二、人民调解委员会职责

1. 人民调解委员会是依法设立的调解民间纠纷的群众性组织。

2. 村民委员会、居民委员会设立人民调解委员会。企业事业单位根据需要设立人民调解委员会。人民调解委员会由委员三至九人组成，设主任一人，必要时，可以设副主任若干人。人民调解委员会应当有妇女成员，多民族居住的地区应当有人数较少民族的成员。

三、人民调解的程序

1. 首先是当事人向人民调解委员会申请调解，然后由人民调解委员会调解；人民调解委员会也可以主动调解。当事人一方明确拒绝调解的，不得调解。

2. 基层人民法院、公安机关对适宜通过人民调解方式解决的纠纷，可以在受理前告知当事人向人民调解委员会申请调解。

3. 人民调解员根据调解纠纷的需要，在征得当事人的同意后，可以邀请当事人的亲属、邻里、同事等参与调解，也可以邀请具有专门知识、特定经验的人员或者有关社会组织的人员参与调解。人民调解委员会支持当地公道正派、热心调解、群众认可的社会人士参与调解。

4. 人民调解员调解民间纠纷，应当坚持原则，明法析理，主持公道。调解民间纠纷，应当及时、就地进行，防止矛盾激化。

四、当事人在人民调解中的权利与义务

1. 当事人的权利

当事人在人民调解案件中享有的权利有：选择或者接受人民调解员；接受调解、拒绝调解或者要求终止调解；要求调解公开进行或者不公开进行；自主表达意愿、自愿达成调解协议。

2. 当事人的义务

当事人在人民调解案件中需履行的义务有：如实陈述纠纷事实；遵守调解

现场秩序，尊重人民调解员；尊重对方当事人行使权利。

五、调解协议

1. 经人民调解委员会调解达成调解协议的，可以制作调解协议书。当事人认为不需制作调解协议书的，可以采取口头协议方式，人民调解员应当记录协议内容。

2. 调解协议应当注意的事项：当事人的基本情况；纠纷的主要事实、争议事项以及各方当事人的责任；当事人达成调解协议的内容，履行的方式、期限。

3. 调解协议书自各方当事人签名、盖章或者按指印，人民调解员签名并加盖人民调解委员会印章之日起生效。调解协议书由当事人各执一份，人民调解委员会留存一份。

【案例解析】

镇人民调解委员会根据《中华人民共和国人民调解法》《中华人民共和国土地法》等相关法律法规规定，促使双方在自愿的基础上达成了调解协议：第一，谢某所栽植将会影响潘某的核桃树限期移除；第二，潘某损毁道路承担300 元的修复费用，由谢某进行修复，修复后由双方共同管理使用；第三，共进路口潘某的一棵核桃树与谢某指定的一棵进行互换。

本案纠纷所涉及的是当事人的切身利益，如果不能妥善解决，可能使矛盾激化，将严重影响社会稳定。镇调委会本着自愿、合法、公正的原则，让双方当事人充分表达个人意见，了解案件事实，分析争议焦点，对症下药，提出合理调解建议，调解员耐心细致进行引导，消除了当事人疑虑，将矛盾化解在萌芽状态，促进社会和谐稳定。

【法条链接】

《中华人民共和国人民调解法》

第三条　人民调解委员会调解民间纠纷，应当遵循下列原则：

（一）在当事人自愿、平等的基础上进行调解；

（二）不违背法律、法规和国家政策；

（三）尊重当事人的权利，不得因调解而阻止当事人依法通过仲裁、行政、司法等途径维护自己的权利。

第四条　人民调解委员会调解民间纠纷，不收取任何费用。

第八条　村民委员会、居民委员会设立人民调解委员会。企业事业单位根据需要设立人民调解委员会。

人民调解委员会由委员三至九人组成，设主任一人，必要时，可以设副主任若干人。

人民调解委员会应当有妇女成员，多民族居住的地区应当有人数较少民族的成员。

第九条　村民委员会、居民委员会的人民调解委员会委员由村民会议或者村民代表会议、居民会议推选产生；企业事业单位设立的人民调解委员会委员由职工大会、职工代表大会或者工会组织推选产生。

人民调解委员会委员每届任期三年，可以连选连任。

第二十八条　经人民调解委员会调解达成调解协议的，可以制作调解协议书。当事人认为无需制作调解协议书的，可以采取口头协议方式，人民调解员应当记录协议内容。

第二十九条　调解协议书可以载明下列事项：

（一）当事人的基本情况；

（二）纠纷的主要事实、争议事项以及各方当事人的责任；

（三）当事人达成调解协议的内容，履行的方式、期限。

调解协议书自各方当事人签名、盖章或者按指印，人民调解员签名并加盖人民调解委员会印章之日起生效。调解协议书由当事人各执一份，人民调解委员会留存一份。

第三十条　口头调解协议自各方当事人达成协议之日起生效。

第六节　法律援助

【案例导入】

来 A 市务工的外来人员张某，经老乡介绍到大保高速公路施工段打工。由于工期较紧，包工头要求大家连夜加班加点干活。突然有一天，张某因体力不支在工地上发生意外被砸伤，老乡将他送往医院抢救。经过二十多天的医治，张某恢复健康回工地干活，包工头以张某身体素质太差，不适应做建筑工作为由，将张某辞退，并且不支付任何工资。张某身无分文，举目无亲，拖着虚弱的身体，多次与包工头交涉未果，无奈之下，他向该地县法律援助中心申请援助。援助中心审查了张某的证明材料后，给予张某法律援助。通过律师介入调解，

包工头将拖欠张某的工资全部补发，并承担了张某住院期间的费用，使张某的合法权利得到了保障。

【知识学习】

一、法律援助的概念

法律援助是指由政府设立的法律援助机构组织法律援助的律师，为经济困难或特殊案件中的人给予无偿提供法律服务的一项法律保障制度。

二、法律援助的机构

从省到县都设有法律援助机构，法律援助机构一般为当地的司法行政部门即司法局。司法行政部门的法律援助中心负责所在行政区域内的日常法律援助工作。

三、法律援助的范围

《中华人民共和国法律援助条例》（以下简称"法律援助条例"）对法律援助的范围作了规定，各地在这个规定的基础上做了扩展，大致包括以下内容：

1. 行政、民事类。依法请求国家赔偿的；请求给予社会保险待遇或者最低生活保障待遇的；请求发给抚恤费、救济金的；请求给付赡养费、抚养费、扶养费的；请求支付劳动报酬的；主张因见义勇为行为产生的民事权益的；交通事故、医疗事故、工伤事故或者其他人身损害事故的受害人，追索医疗费用和赔偿的法律事项；残疾人、未成年人、老年人追索侵权赔偿的；其他需要提供法律援助的事项。

2. 刑事代理类。犯罪嫌疑人在被侦查机关第一次讯问后或者采取强制措施之日起，因经济困难没有聘请律师的；公诉案件中的被害人及其法定代理人或者近亲属，自案件移送审查起诉之日起，因经济困难没有委托诉讼代理人的；自诉案件的自诉人及其法定代理人，自案件被人民法院受理之日起，因经济困难没有委托诉讼代理人的。

3. 刑事辩护类。公诉人出庭公诉的案件，被告人因经济困难或者其他原因没有委托辩护人的；被告人是盲、聋、哑或者未成年人而没有委托辩护人的；被告人可能被判处死刑而没有委托辩护人的。

四、当事人申请法律援助需提交的材料

当事人申请法律援助时应当向法律援助机构提交以下材料：

1. 法律援助申请书。申请应当采用书面形式，并填写法律援助申请表；以书面形式提出申请确有困难的，可以口头申请，由法律援助机构工作人员或者代为转交申请的有关机关工作人员作出书面记录。

2. 申请人的身份证件或者其他有效身份证明（户籍证明、暂住证），代理申请法律援助的还应当提交有代理权的证明。

3. 申请人所在地的村（居）民委员会、乡（镇）人民政府、街道办事处或者其工作单位出具的能证明申请人及其家庭成员经济状况困难的证明。

4. 与所申请的法律援助事项有关的案件材料。

5. 法律援助机构认为需要提供的其他材料。

五、无民事行为能力人或限制民事行为能力人申请法律援助

申请人为无民事行为能力人或者限制民事行为能力人的，由其法定代理人代为提出申请。申请人为无民事行为能力人或限制民事行为能力人与其法定搭理人之间发生诉讼或者因其他利益纠纷需要法律援助的，由与该争议事项无利害关系的其他法定代理人代为提出申请。

【案例解析】

法律援助条例第十四条第四款规定："请求支付劳动报酬的，向支付劳动报酬的义务人住所地的法律援助机构提出申请。"第六款规定："交通事故、医疗事故、工伤事故或者其他人身损害事故的受害人，追索医疗费用和赔偿的，向交通事故、医疗事故、工伤事故或者其他人身损害事故发生地或者被请求人住所地的法律援助机构提出申请。"在本案中包工头属本地居民，而案由是追索劳动报酬和工伤事故赔偿，所以张某可以向该县有管辖权的县法律援助中心提出申请。而法律援助的服务对象包括了有需要代理事项因经济困难无力支付代理费用的公民。在本案中张某因外来务工，又有住院，因此属于该类人员。法律援助机构通过对张某现实情况进行审查后发现张某属于经济困难人员，因此给予了法律援助。

【法条链接】

《中华人民共和国法律援助条例》

第五条　直辖市、设区的市或者县级人民政府司法行政部门根据需要确定本行政区域的法律援助机构。

　　法律援助机构负责受理、审查法律援助申请，指派或者安排人员为符合本条例规定的公民提供法律援助。

　　第十条　公民对下列需要代理的事项，因经济困难没有委托代理人的，可以向法律援助机构申请法律援助：

　　（一）依法请求国家赔偿的；

　　（二）请求给予社会保险待遇或者最低生活保障待遇的；

　　（三）请求发给抚恤金、救济金的；

　　（四）请求给付赡养费、抚养费、扶养费的；

　　（五）请求支付劳动报酬的；

　　（六）主张因见义勇为行为产生的民事权益的。

　　省、自治区、直辖市人民政府可以对前款规定以外的法律援助事项作出补充规定。

　　公民可以就本条第一款、第二款规定的事项向法律援助机构申请法律咨询。

　　第十一条　刑事诉讼中有下列情形之一的，公民可以向法律援助机构申请法律援助：

　　（一）犯罪嫌疑人在被侦查机关第一次讯问后或者采取强制措施之日起，因经济困难没有聘请律师的；

　　（二）公诉案件中的被害人及其法定代理人或者近亲属，自案件移送审查起诉之日起，因经济困难没有委托诉讼代理人的；

　　（三）自诉案件的自诉人及其法定代理人，自案件被人民法院受理之日起，因经济困难没有委托诉讼代理人的。

　　第十三条　本条例所称公民经济困难的标准，由省、自治区、直辖市人民政府根据本行政区域经济发展状况和法律援助事业的需要规定。

　　申请人住所地的经济困难标准与受理申请的法律援助机构所在地的经济困难标准不一致的，按照受理申请的法律援助机构所在地的经济困难标准执行。

　　第十四条　公民就本条例第十条所列事项申请法律援助，应当按照下列规定提出：

　　（一）请求国家赔偿的，向赔偿义务机关所在地的法律援助机构提出申请；

　　（二）请求给予社会保险待遇、最低生活保障待遇或者请求发给抚恤金、救济金的，向提供社会保险待遇、最低生活保障待遇或者发给抚恤金、救济金的义务机关所在地的法律援助机构提出申请；

（三）请求给付赡养费、抚养费、扶养费的，向给付赡养费、抚养费、扶养费的义务人住所地的法律援助机构提出申请；

（四）请求支付劳动报酬的，向支付劳动报酬的义务人住所地的法律援助机构提出申请；

（五）主张因见义勇为行为产生的民事权益的，向被请求人住所地的法律援助机构提出申请。

第十七条 公民申请代理、刑事辩护的法律援助应当提交下列证件、证明材料：

（一）身份证或者其他有效的身份证明，代理申请人还应当提交有代理权的证明；

（二）经济困难的证明；

（三）与所申请法律援助事项有关的案件材料。

申请应当采用书面形式，填写申请表；以书面形式提出申请确有困难的，可以口头申请，由法律援助机构工作人员或者代为转交申请的有关机构工作人员作书面记录。

第十八条 法律援助机构收到法律援助申请后，应当进行审查；认为申请人提交的证件、证明材料不齐全的，可以要求申请人作出必要的补充或者说明，申请人未按要求作出补充或者说明的，视为撤销申请；认为申请人提交的证件、证明材料需要查证的，由法律援助机构向有关机关、单位查证。

对符合法律援助条件的，法律援助机构应当及时决定提供法律援助；对不符合法律援助条件的，应当书面告知申请人理由。

参考文献

［1］石国亮．社会主义核心价值观十讲　党员干部读本［M］．北京：人民日报出版社，2014.

［2］本书编写组．开启新时代　踏上新征程［M］．北京：新华出版社，2017.

［3］全国干部培训教材编审指导委员会编写组．建设社会主义法治国家［M］．北京：人民出版社，党建读物出版社，2019.

［4］全国干部培训教材编审指导委员会编写组．推动社会主义文化繁荣兴盛［M］．北京：人民出版社，党建读物出版社，2019.

［5］刘建宏．农村常见法律纠纷调解［M］．北京：中国政法大学出版社，2017.

［7］司法部法律援助工作司．全国百优法律援助精品案例［M］．北京：北京大学出版社，2011.

［8］云南省司法厅．云南省法律援助百佳案例［M］．云南省司法厅，2012.

［9］张勇，马娟．离婚：人类文明的进步［M］．北京：中国政法大学出版社，2011.

［10］杨遂全．婚姻家庭亲属法学［M］．北京：清华大学出版社，2011.

［11］孟令志．婚姻家庭与继承法［M］．北京：北京大学出版社，2012.

［12］杨大文．婚姻家庭法学［M］．北京：中国人民大学出版社，2007

［13］巩沙，郝慧珍．新版以案说法：婚姻家庭法篇［M］．北京：中国人民大学出版社，2005.

［14］房绍坤，范李瑛，张洪波．婚姻家庭与继承法［M］．北京：中国人民大学出版社，2018.

［15］夏吟兰．婚姻家庭继承法［M］．北京：中国政法大学出版社，2017.

［16］鲁伯霖．土地法概论［M］．北京：百家出版社，1994.

［17］王卫国．中国土地权利研究［M］．北京：中国政法大学出版

社，1997.

　　［18］刘守英．土地制度与中国发展［M］．北京：中国人民大学出版社，2018.

　　［19］卢代富．农村土地"三权分置"法治保障研究［M］．北京：法律出版社，2018.

　　［20］刘俊．中国土地法理论研究［M］．北京：法律出版社，2006.

　　［21］刘光远．新编土地法教程［M］．北京：北京大学出版社，1999.

　　［22］刘新华．新土地管理法全书［M］．北京：中国物价出版社，1998.

　　［23］邢双军，吴李艳，王亚莎．新农村人文生态环境的保护与发展研究［M］．杭州：浙江大学出版社，2012.

　　［24］肖义舜，贾午光．农民工法律知识读本［M］．北京：中国工人出版社，2006.

　　［25］李昕．民事诉讼法教学案例［M］．福建：厦门大学出版社，2014.

　　［26］徐朋，张得森．毁坏他人祖坟引发民事侵权的赔偿标准［N］．人民法院报，2013－01－31.

　　［27］张莉．浅论农村建设中提供劳务者受害责任纠纷［J］．法制博览，2017（07）.

　　［28］丁婷．劳动合同违约责任研究［D］．武汉：武汉大学，2013.

　　［29］史瑶．乡村振兴战略下农村精神文明建设面临的问题与对策研究：以 X 市 Y 村为例［J］．农村经济与科技，2020（02）.

　　［30］孙聪聪，姬海艳，朱柏燕．农村老人赡养问题的调查研究：以平凉市民张村为例［J］．甘肃农业，2014（12）.

　　［31］苏旭龙．农村征地拆迁过程中法律保障机制问题的探索［J］．法制博览，2020（03）.

　　［32］周冬宝．论新时期我国农民工劳动报酬权法律保护［J］．吉林工程技术师范学院学报，2015（07）.

　　［33］苗建诚．农村生活垃圾分类实施的问题研究［J］．农业与技术，2019（11）.

　　［34］徐立昌．农村生活垃圾治理典型模式之比较［J］．城乡建设，2019（07）.